現代日本経済演習

飯野 敏夫
秋保 親成
百瀬　優
田村 太一

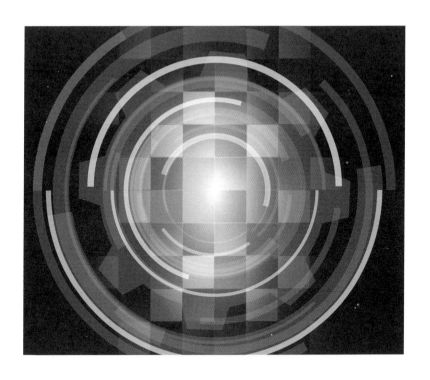

流通経済大学出版会

目　次

序　章··(田村　太一)　1

　0－1　本書のねらい　1

　0－2　経済学の有用性　1

　0－3　本書の構成　2

第1章　資本主義とは·······································(飯野　敏夫)　5

　1－1　「経済」とは　5

　1－2　封建制から資本主義へ　5

　1－3　資本主義経済の基本的特徴　7

第2章　現代の資本主義·····································(飯野　敏夫)　12

　2－1　現代世界の幕開け　12

　2－2　福祉国家体制　13

　2－3　新保守主義、情報革命、グローバリゼーション　15

第3章　需要・供給と価格の決定························(秋保　親成)　21

　3－1　市場の種類と役割　21

　3－2　市場と価格　22

　3－3　市場機構の意義と限界　26

第4章　国民所得の構成要素······························(秋保　親成)　28

　4－1　経済の豊かさとは何か（基本概念、考え方）　28

　4－2　経済活動と成長のとらえ方（国民経済計算、経済成長の計算、実際例）　29

　4－3　他の経済活動のとらえ方（国民所得、三面等価の原則）　34

　4－4　豊かさをめぐる課題（国民純福祉、国民幸福度など）　35

第5章 景気循環とその特徴 ···(秋保 親成) 38

5－1 景気のとらえ方・考え方 38

5－2 景気の判断指標 41

5－3 景気循環の要因 44

第6章 産業構造とポスト工業化社会 ·························(秋保 親成) 47

6－1 人々の暮らしと産業 47

6－2 戦後日本産業の変遷 49

6－3 日本の産業の現状と課題 54

第7章 企業と経営組織 ···(田村 太一) 56

7－1 現代の企業 56

7－2 株式会社制度 57

7－3 企業経営の目標と企業経営組織 61

7－4 企業統治（コーポレート・ガバナンス） 63

第8章 労働市場の動向と私たちの働き方 ···········(百瀬 優) 66

8－1 働くことの意味 66

8－2 就業と失業の動向 66

8－3 雇用慣行 70

8－4 雇用形態 73

第9章 貨幣の機能と金融システム ························(田村 太一) 77

9－1 貨幣と信用 77

9－2 金融システム 79

9－3 中央銀行制度 82

9－4 金融政策 83

第10章　国の財政の現状とこれから································（百瀬　優）　87

　　10−1　財政とは　87

　　10−2　国の財政の現状　88

　　10−3　租税　91

　　10−4　国債　94

　　10−5　消費税増税　95

第11章　暮らしを支える社会保障································（百瀬　優）　98

　　11−1　社会保障とは　98

　　11−2　社会保障の機能とその規模　99

　　11−3　公的年金　101

　　11−4　医療保険　106

第12章　日本と世界経済のつながり································（田村　太一）　110

　　12−1　グローバリゼーションの時代　110

　　12−2　対外的な経済活動と国際収支統計　111

　　12−3　外国為替と日本経済への影響　113

あとがき································119

序　章

0-1　本書のねらい

　本書は、大学で経済学を初めて学ぶ学生を対象にした入門書です。特に経済学部の１年生を主な対象として、これから日本経済や経済学を専門的に学んでいくにあたって必要となる基礎的な知識の習得と論理的な思考方法の習得をねらいとしています。

　本書のねらいをこのように設定した理由の１つは、経済学をしっかりと学んでいくためには、現実の経済を具体的にイメージしながら学ぶ必要があると考えているからです。現実の経済を具体的にイメージするためには、私たちが生活している日本経済の仕組みや経済を取り巻く制度について、詳しく知っておく必要があります。日本の高校のカリキュラムでは、人間社会を学ぶためにいわゆる「地歴公民」科目が設置されていますが、大学に入学してくる学生の多くは、必ずしも経済に関する基礎的な知識を身につけているとは言えません。その原因としては、「地歴公民」科目を単なる暗記科目としてみる傾向が強いこと、また経済学に関係する「政治・経済」科目は必ずしも全員が受講しているわけではなく、絶対的な授業回数も少ないことなどが考えられます。本書はこのような状況を考慮して、現実の経済をイメージできる基礎的な知識の習得をねらいのひとつに設定しました。

　２つ目の理由は、経済学を学んでいく上で論理的な思考方法が決定的に重要になってくるからです。経済学は「概念」という分析装置を使って、複雑な経済現象の奥に潜む本質をとらえようとします。これは社会科学全般に言えることですが、経済学も複雑な現象から枝葉末節を取り除き、本質的な要素を取り出した上で、仮説を設定し、それを論理的に結論に導く作業を行うのです。特に経済学の場合には、推論を行う概念装置として、単純化のための数式やモデル（模型）を用いることが比較的多くなっています。そのため、数式やモデル自体にアレルギー反応を示す学生もおり、最初から苦手意識を持っている学生も少なくありません。しかし、これらの概念装置はあくまで経済現象を理解するための手段のひとつなのであって、真の経済学の目的はそれらを使って「モノを見る」、「現実を読む」という点にあるのです。論理的な思考方法を使って知識を知恵に変換していく、本書のねらいのひとつに論理的な思考方法の習得を設定したのはこのためです。

　本書の内容を大学１年次に習得して、２年次以降に学んでいく専門的な経済学の分野につなげること、これが本書の最終的な目標です。本書は、高校時代に習得が不十分であった経済現象や経済学の考え方の基礎を復習し、大学における経済学の学びのハードルを低くすることを目指しています。

0-2　経済学の有用性

　では、そもそも経済学とはどのような学問なのでしょうか。歴史的には、「経済学の祖」アダム・

スミス（Adam Smith）に始まり、デイビット・リカード（David Ricardo）、カール・マルクス（Karl Marx）、A・マーシャル（Alfred Marshall）、J・M・ケインズ（John Maynard Keynes）、F・ハイエク（Friedrich von Hayek）といった人たちが、その時代その時代の経済の現実を分析し、経済学を発展させてきました。経済学にはそれぞれ学派があったりするので、前述の問いに簡単に答えるのは難しいのですが、経済学とは人間の行動を理解するための学問、もう少し詳しく言えば、社会を成して生きている人間がどのような仕組みを作り、またそのなかでどのように行動しているのかを理解するための学問と、とらえることができるでしょう。先学の言葉を借りれば、「合理的、非合理的双方の側面を持つ人間の行動、人間の集合としての社会現象を、一種の定理や法則として理解する」というのが、経済学という学問なのです（猪木武徳（2008）「経済学は人を幸せにする方法を教えられますか？」『経済セミナー』2・3月号［No.635］、6ページ）。

　このように経済学をとらえた場合、それを学ぶことにどのような有用性があると言えるのでしょうか。この問いにも簡単に答えることは難しいのですが、間違いなく言えることは、経済学を学んでおけば、日常に潜む多くの誤りを避けることができ、陳腐な議論に安易に誘導されたりすることが少なくなるということです。

　前節で説明したように、経済学は概念装置を使用して社会現象を理解しようとします。それは、ある前提条件の下で、筋道を立てて論理的に結論を導き出すという科学的思考方法をとるということです。言うまでもなく経済学も、科学一般にみられるように、様々な前提条件のもとに理論が成り立っており、その意味で理論はあくまで仮説に過ぎません（その仮説を現実に照らし合わせながら検証し続けることが、当然、経済学にも求められます）。ですから、経済学を学んだからといって、すぐに現実の問題に当てはめて物事がすべて理解できる、ひいては的確な政策提言を行うことができる、といったわけではないのです。

　しかしそのことは、経済学がまったく役に立たない、無力であるということを意味しません。問題や概念を区別し限定して、筋道を立てて論理的に考えるという思考方法をとることによって、論理的な誤りやそれに基づいた議論を避けることができるのです。この思考方法は、問題を問題として感じとる力（発見する力）や問題を分析する力、またそれを相手に説明し伝える力（表現する力）の「軸」となるものです。このような力は学生のときだけでなく、社会に出てからも求められる、否、社会のなかでこそ求められる能力なのです。こうした「問題発見能力」、「問題分析能力」、「問題解決能力」が以前にも増して求められている現在において、物事の本質を見極め冷静に判断し行動するためにも、経済学を通して論理的な思考方法を学ぶことは非常に有用であり、今後ますます重要になってくるといえるでしょう。それは究極的には、社会のなかで個人が「善く生きること」につながるものと信じています。

0-3　本書の構成

　本書は12章で構成されています。第1～2章は、私たちが生活している資本主義経済体制について、その特徴と制度的枠組みを中心に、歴史を通じて学んでいきます。第3～5章は、資本主義経済を成り立たせている市場の役割と経済活動のとらえ方（GDPや景気循環）について、理論も交えながら学びます。第6～11章は、日本の国内経済を対象にして、産業、企業、労働、金融、財政、社会保障といったそれ

それの分野を、歴史と制度に重点を置いて学んでいきます。最後に第12章で、日本と世界経済との関係を学びます。

　以上は大まかな本書の構成ですが、ここではあらかじめそれぞれの章の要点を簡単に紹介しておきましょう。

　まず第1章「資本主義とは」では、資本主義とはどのような経済体制なのか、またそれは歴史的にどのように特殊なものなのか、について学んでいきます。大学で学ぶ経済学は、資本主義経済体制を前提として議論がなされていることが多く、ややもすれば資本主義とは何かという議論を抜きにして「市場経済一般」の話として展開されがちです。しかし私たちは、資本主義という経済体制のなかで生活し行動しています。資本主義経済体制の下で、人間はどのように経済社会とかかわっているのか、またその本質は何なのかという点をここでしっかりと押さえます。

　第2章「現代の資本主義」では、第1章の内容を踏まえて、主に第2次世界大戦後の現代経済について、歴史的な展開を概観しながら制度的な特徴を学んでいきます。特に、戦後多くの資本主義国で見られるようになった福祉国家体制の特徴とその展開、そして1980年代から進展した情報技術革新やグローバリゼーションが国内経済や世界経済に与えた影響について説明されます。私たちが生きている今の時代をどう認識するのかという意味でも、非常に有益な知識を得ることができます。

　第3章「需要・供給と価格の決定」では、需要と供給で成り立つ市場の役割と市場で決定される価格および取引量の関係について学びます。資本主義経済体制の下では、生産や資源配分の多くは市場機構（市場メカニズム）を通じて行われます。市場がどのような役割を持っており、価格や取引量はどのように決定されると考えるのか、これらの点を簡単な理論を用いて説明します。

　第4章「国民所得の構成要素」では、経済活動の大きさやその成長について国民総生産（GDP）という概念を中心に学んでいきます。GDPとはどのような考え方なのか、それはどのような構成要素で成り立っているのか、またGDPの増減はどのような意味を持つのか。ここでは日本や世界の事例を取り上げながら、この概念をしっかりと押さえます。また、GDPとは違ったかたちで「豊かさ」を示す方法にも触れています。

　第5章「景気循環とその特徴」では、第4章の内容を踏まえて、資本主義経済に特有の現象である景気循環について学びます。ここでは、経済活動の状況が良くなったり悪くなったりするのはなぜなのか、景気の良し悪しはどのように判断されるのか、これらの点を日本経済の展開をたどりながら学んでいきます。また景気循環をとらえる経済学の学説やGDP以外の判断指標なども紹介されています。

　第6章「産業構造とポスト工業社会」では、経済活動を産業の視点から学んでいきます。人間が生活していくうえで、必要となる商品（モノやサービス）をすべて一人で生産することは到底できません。歴史的には社会的分業を拡大させながら、いろいろな人たちが生産した商品を交換して生活してきました。ここでは、そのような社会的分業の構造を産業の視点から説明しています。特に日本経済を事例として、産業構造の変遷を紐解きながら説明されます。

　第7章「企業と経営組織」では、経済主体としての企業を株式会社制度に重点を置いて学んでいきます。資本主義の発展とともに拡大した株式会社とはどのような企業なのか、株式会社はどのような経営組織を有しているのか、また企業統治（コーポレート・ガバナンス）の考え方にはどのようなものがある

のか、これらの点を詳しく見ていきます。

　第8章「労働市場の動向と私たちの働き方」では、労働市場の機能と労働者の働き方について学んでいきます。資本主義経済体制のもとでは、人々が持っている労働力もひとつの商品となっており、生活のための賃金を得るために労働力が売りに出されます。しかし、働きたいと思っていても実際に仕事に就けない状況（失業）が生じたり、たとえ働けたとしても雇用契約によって働き方や賃金は異なってきます。ここでは、就業・失業の現状や雇用形態について、日本経済の制度的慣行にも触れながら学んでいきます。

　第9章「貨幣の機能と金融システム」では、貨幣の機能と金融システムの特徴を学びます。資本主義経済の解明には、貨幣や金融の役割についての正確な理解が欠かせません。ここでは、日本の金融システムを事例に挙げながら、中央銀行制度の特徴や金融政策（金融緩和政策と金融引き締め政策）のメカニズムを詳しく見ていきます。

　第10章「国の財政の現状とこれから」では、経済主体のひとつである政府部門の役割を財政の視点から学びます。第2次世界大戦後、拡大することになった福祉国家体制のなかの政府部門について、日本経済を事例に財政の役割や租税制度を詳しく見ていきます。現在の日本の財政状況は「赤字財政」ですが、それがどのような要因による結果なのか、またそれを補填する国債の役割とは何なのか、これらの点も学んでいきます。

　第11章「暮らしを支える社会保障」では、社会保障の機能とその制度について学んでいきます。特に、公的年金や医療保険などの社会保障制度は、いまや私たちが生きていくうえで欠かすことのできない重要な制度になっています。こうした社会保障制度がなぜ必要となってきたのか、より充実した社会保障制度を運用していくにはどうすればいいのか、日本の現状を見つめながら詳しく学びます。

　第12章「日本と世界経済のつながり」では、グローバリゼーションが進む現在における日本と世界経済のつながりを学んでいきます。グローバリゼーションの意味やその要因、推進主体について押さえたうえで、対外的な経済活動を表す国際収支統計の仕組みについて詳しく見ていきます。また外国為替の変化が日本経済（特に貿易の側面）に与える影響についても、事例を交えながら学びます。

第1章 資本主義とは

1−1 「経済」とは

　皆さんがこれから学ぶ経済学は、言うまでもなく「**経済**」を対象とした学問です。では、「経済」とは何でしょうか。それは「人間が生活していくうえで必要とするモノの**生産、分配、消費**」ということです。これをもう少し説明しておきましょう。

　まず、「モノ」と表しましたが、これはここでは、**物財**（品物、つまり姿かたちのある、物質でできているもの）と**サービス**（物質でできていないもの）の両方を含んでいると理解してください。また、「生産」と言っていますが、これは人間が働く（労働する）ことによって作り出す、ということです。ちなみに人間生活、特に今のそれに必要なモノで、労働することなしに手に入るのは、空気と、あとはたまたまそのままで使ったり食べたりできる自然物が少しはあるかもしれない、といった程度でしょう。「消費」は特に説明する必要はないでしょうが、「分配」は生産されたモノが誰の消費に、どのようにして向かうか、ということです。

　ところで、今、生産した人と消費する人が別のように言いましたが、実際、我々が生活している現在の社会では、大半のモノについて、そうなっています。また、生産だけとってみても、多くの人間がいろいろな形でかかわっています。経済活動は人と人との関係、すなわち社会的関係の中で営まれているのです。現在ほどではなくても、人間が人間と言うにふさわしい時代であれば、古くにさかのぼっても、個人あるいは小規模な家族が全く他と無関係に生活していたというのではなく、やはり多かれ少なかれ人と人の社会的関係の中で経済活動は営まれていました。その際、どのような社会的関係の中で経済活動が営まれていたかは、時代や地域によって質的に異なっています。

　人間の経済生活のあり方は、この社会的関係がどうであるかによって根本的に異なってきます。そればかりか、社会の他の側面さえ、経済における社会的関係のあり方によって強く規定されてきた、と言ってよいでしょう。ですから、歴史上の社会を主に経済の側面から見て大まかには**奴隷制社会、封建制社会、資本主義社会**というふうに区分しますが、それは同時に社会全体の歴史的な時代区分にもなっているのです。

1−2 封建制から資本主義へ

1−2−1 封建制社会

　我々が生活している現在の日本は、ヨーロッパや米国など先進国（発展途上国の多くも）とともに、資本主義と呼ばれる経済社会です。そこで次に、歴史的に見て資本主義の特徴はどういう点にあるのかを、日本やヨーロッパでその前の経済社会だったとされる封建制社会との対比などを通して考えてみましょ

う。

　封建制の社会は、ヨーロッパでは大体9世紀頃から16、17世紀頃まで、日本では12世紀の鎌倉幕府から明治維新前の江戸幕府までとされています。そこでは、圧倒的に農業が生産の中心で、農民は食料などを**自給自足**する生活が基本でした。そして、**領主**と呼ばれる身分の者が農業に不可欠な土地とそこで生産・生活をする農民に対する支配権を持っており、そのもとで大多数を占める農民は自分の耕作し生活する土地から離れることは許されませんでした。また領主の農地を耕すか、あるいは自分の生産した農作物の一定割合をいわゆる年貢として差し出すなどの義務を負っていました。こういう身分的拘束のある農民を**農奴**と呼びます。なお、**身分**というのは、領主や農奴のような、経済的な地位のことですが、それが権力的な関係によって生まれながらにして決まっている場合を言います。そうではない場合も含めて言うときは、**階級**と言います。

　封建社会における農民は、また、一定の生産活動において、村落などでの決まり事を守って協力して経済活動を行わなければなりませんでした。日本の場合ですと、水田のための水利用、肥料・飼料・薪などを得るための山野の利用、大量労働が必要な田植えや収穫時の共同作業などに関してです。そのような関係を基礎にして、冠婚葬祭のような非経済的なムラのしきたりも成立していたのです。こういう村落などの地域社会のように、個人がそれぞれバラバラではなく不可分な関係にある集団を**共同体**と呼び、そこにおける決まり事を**共同体規制**と言います。近代以前のこうした社会では、生産力が低かったため、そのような規制による協力関係なしには人々の生存が困難だったのです。また、生産力の上昇をもたらすような生産方法の変化も乏しかったため、昔から引き継がれてきた規制が長年にわたって続くことがあり得たわけです。

　このように見てくると、封建社会と今の資本主義とでは経済的な仕組みが全くと言っていいほど根本的に違っていることがすでにある程度推察されるでしょう。すぐ後で見るように、資本主義においては**市場経済**という関係が経済活動の中心をカバーしているのに対し、封建社会では、市場経済もありましたが、かなり限られたものにすぎませんでした。市場経済は「**商品経済**」とも言うことが示すように、生産物を商品として売買するという関係ですが、封建制の下で人口の大半を占める農民は、生活に必要な食料などの大部分を自ら生産し、生活の必要を超えた生産物（剰余生産物）は年貢などの形で取り上げられるため、販売すべき生産物があまりありませんでした。家族、あるいは先に見た村落などの共同体の中で自給自足に近い生活をしていたので、市場経済に参加することは多くはなかったのです。

1-2-2　資本主義への移行

　封建制から資本主義への移行は、はじめはイギリスで、16世紀頃から18世紀頃にかけて進みます。その経済的な動力は、市場経済の発達、及びそれと結びついて生じた生産力の発展でした。15世紀末からの「**大航海時代**」は、新大陸や新航路など、地理上の発見とともに、新たな世界貿易の急速な拡大をもたらし、これがイギリス社会の内部における市場経済の拡大と生産力の発達、それに伴う社会変動を促し、封建的な秩序を崩し、**産業革命**などをベースとして新しい資本主義的な関係を形成していくことになったのです。その具体的なプロセスについては「経済史」の勉強にゆだねますが、重要なポイントを挙げれば次のようです。

世界貿易と結びついて毛織物工業が発展し、商業や**手工業**に携わる**資本家**（事業主、企業を所有・経営する人）が富の蓄積を進めました。また、羊毛や小麦の需要の増加に伴ってそれらを商品として生産するために自給農民を農地から追い出す「**囲い込み**」（エンクロージャー）が２次にわたって行われ、その土地を自分だけの私有地として所有する**地主**が現れました。この資本家と地主は、生産などの事業に必要な設備や農地を「**私有財産**」として所有する「**有産階級**」ですが、「**私有財産**」というのは、その持ち主が自分で利用することだけでなく、人に貸したり売ったりすることもできる、その意味で完全に個人的に所有している財産という意味であり、封建社会の領主が領地に対して持っていた支配権とは異なっています（領主が支配する土地に対して農奴はその土地を耕す権利、占有権を持っていました）。

　こういう近代的な有産階級が形成された半面で、耕していた土地から引き離され、土地その他の**生産手段**（生産に必要な労働力以外の要素）を持たないため自力では生産を行うことのできない（雇われるなどしないと生活の糧を得るための労働ができない）「**無産者**」が大量に生み出されました。彼らはやがて、産業革命によって近代的な工業が発展し始めると、そこにおける企業などに雇用され賃金を得て生活をする**賃金労働者**となります。

　産業革命によって成立した近代的な工業とは、工場で多くの人が機械を動かして生産する、**機械制大工業**と言われるもので、もはや個人個人が事業者として小規模な生産を行う、というようなものではありません。そういう工場を運営できるのは、そのために必要な資金を蓄えた少数の資本家に限られ、そのもとに多数の労働者が雇われて働き賃金を受け取る、という形にならざるを得ないわけです。

　この労働者は、受け取った賃金で生活に必要なモノを商品として買うことになりますから、衣類や食料が商品として売買される市場経済が発展し、モノを商品として売るために生産する**企業**や業者がいろいろな分野で新たに増加します。市場経済とともに**社会的分業**も拡大していくわけです。それによってまた、企業を所有する資本家やそこに雇われる労働者も増加します。

　このように、数世紀の間には市場経済と生産力の発達に伴って封建社会の身分秩序は大きく崩れ、新しい経済的な状態にある人々（階級）が作り出されたのです。すなわち、資本家、労働者、地主です。もちろん、身分制度は政治的・権力的に作られた制度ですから、それが新しい秩序に生まれ変わるためには政治的な変革が必要でした。支配者であった領主やその頂点に立つ絶対君主の権力を倒し、資本家や近代的地主が中心となった近代民主主義の政治体制を打ち立てる「**ブルジョア革命（市民革命）**」です。イギリスの清教徒革命・名誉革命やフランス革命は有名ですが、日本では明治維新がそれにあたると言ってよいでしょう。

1-3　資本主義経済の基本的特徴

1-3-1　市場経済と私有財産制度

　ここで、あらためて近代の経済社会である資本主義社会の特徴を整理しておきましょう。まず、原始社会を別とすれば歴史上はじめての、身分制度に基づかない社会（**市民社会**）である、ということが挙げられます。そして、身分的制約を受けない自由な経済活動とは、すでに言及した市場経済と私有財産制度に基づく経済活動です。いずれも資本主義以前の時代においても存在したものですが、経済社会の

中心にあったわけではありません。資本主義の成立によって、両者一体の関係で社会における主要な経済システムとなったのです。

先に見たように、世界貿易の拡大と生産力の発達を背景として、イギリスなどでは、はじめから特定の生産物を商品として売ることを目的として生産を行うという、商品生産が拡大しましたが、その主体となるのは生産のために必要な工場設備や土地などの生産手段を私有財産として所有する資本家であり、生産に必要な労働力は無産者となった労働者を雇うことによって調達することになります。労働者は得た賃金をもって商品として販売される生活物資を購入します。こうした一連の関係の拡大によって、市場経済や社会的分業が更に発展し、私有財産制も確立したのですが、このような経済システムを資本主義と呼ぶのです。ここにおいては、資本家（企業）が労働者を雇用するという社会的関係によって経済活動が行われているということが重要な特徴であり、それゆえ単に「市場経済」と言わず「資本主義」と呼ばれるのです（すでに「資本主義」とか「資本家」とかいう言葉を使ってきましたが、「資本」という言葉の意味は後であらためて説明します）。

このように、資本主義として市場経済や私有財産制度が全面化すると、共同体はどうなるでしょうか。前に述べたように、封建社会の村落共同体は生産活動における協働が基礎にありましたが、農村におけるそのような関係は山林の入会地に関してなど、非常に限られたものになっていきます。家族も（最小単位の）共同体だと見なすならば、家族経営の農家や商店、工場などは生産共同体だということになりますが、そのような小規模生産者は社会全体の生産のうちの限られた部分にすぎず、また大きな企業によって淘汰されていくのが一般的でした。こうして生産をはじめとした経済活動においては共同体は急速に衰退していくことになります。

けれども、家族が共に暮らす「家庭」は、経済の中の消費を中心とした生活の共同体として近代・現代でも続いていることはご存知の通りです。消費生活の単位としての家庭を「**家計**」と言いますが、この家計も、主に働いて得た貨幣収入によって生活に必要なモノを購入するという形で、市場経済の中の主体のひとつとなります。

封建社会における領主、農奴のような身分関係はどうでしょうか。近代においても、職業選択など経済的な側面に関する制約を伴った身分的差別がなかなか完全には解消しきれないことは確かですが、封建社会における身分関係のように、公の法制度として権力によって明らかに強制されたものとは違います（国家権力が何らか関与している場合はありますが）。また、残存する身分差別は社会の経済活動を全体的に規制するほどのものでもないでしょう。

なお、これは身分とは違いますが、権力による強制ということでは身分と共通するものとして、国家権力による徴税（税金の徴収）ということがあります。けれども、もちろん、この近代国家における税は、封建社会における年貢のように特定階級の収入となってそれを身分として成り立たせるというものではありません。ですから、議会などの民主主義的な手続きによって税もその使途も決められる、という点でも、封建社会の年貢とは異なっているのです。そして、国家＝政府もまた、その支出の面では、主に市場で売られているモノや労働力を買うわけで、市場経済における主体のひとつとなります（国家あるいは政府と言った場合、いわゆる国である中央政府と地方政府＝地方公共団体の両方を含みます）。

第1章　資本主義とは　　9

1-3-2 「資本」とは

　このように、資本主義社会における経済活動は、**企業**（および個人事業者）、労働者などとその家族で構成される**家計**、そして**政府**という3種類の主体による市場経済として営まれるわけですが、その中でも、最も根源的な、社会的に必要とされる新たな生産物を生み出す生産活動は、すでにみたように主として企業を主体として行われるのです。

　さて、ここで「資本」という言葉の意味を説明しましょう。「資本」を、名国語辞典として名高い『新明解 国語辞典』（第4版）で引いてみると、「事業の基になるお金と物質。もとで、資金」と説明されています。「物質」というのも触れられていますが、主に「もとでとしてのお金」という説明でしょう。一般的な日常会話での使われ方も、そういう資金と同じような意味でのものでしょう。資本は（現実に存在する企業もそうですが）、**利潤**（利益）を生み出さなければ、ただのお金などであるだけであり、なにも「資本」と呼ばなければならないことはありません。その利潤を生み出すための活動が、先の辞典の説明で「事業」と言われたものであり、企業活動と言いかえてもよいでしょう。ですから、「資本」というのは抽象的な概念ですが、その現実に存在する姿は、おおむね「企業」であると言い得るわけです（この章で「企業」と言う場合、利益追求を目的とした「営利企業」、**会社**を指しています。広い意味での「企業」には、営利以外を目的とした事業組織も含まれます）。

　この事業が、例えばパンを製造する生産活動だとしましょう。パンを作るためには、その原料としての小麦粉（他にも必要でしょうが、簡単化のためにそれだけとします）、パンを焼くなどの機械やそれを設置する建物など（合わせて「設備」と呼びます）、そして一連の作業を行う人間の**労働力**が必要です。そのそれぞれを、お金を出して買うことになります。これらのパン製造に必要な要素がそろい、機械を使って原料を加工する労働が行われれば、その結果パンが出来上がることになります。そしてこのパンを売るのですが、その時の値段が問題です。1日の操業に必要な原料と設備と労働力を買うのに必要だった金額の合計が仮に10万円だったとします（設備はその日使う分だけ買うということはできませんから、まとめて買った金額を割り算して、1日当たりいくら使ったことになるかを計算します）。そうしてできたパンが合計10万円以上で売れなければどうでしょうか。ちょうど10万円で売れたなら、はじめに「もとで」としてあった金額と同じ金額が戻ってきたにすぎず、意味がなかったことになりますし、もっと少なかったら言うまでもなく赤字、つまり損失を被ったことになり、やらなければよかったということになります。10万円以上で売れた場合、10万円を上回った金額分が利潤です。それがまず通常得られる程度の金額であれば、よしということになります。ちなみに、パンがある程度の値段で売れるためには、ちゃんとしたおいしいパンとしてできていなければならないのは当然です。

　この例における、はじめの資金10万円は、それ自体としては10万円のお金にすぎませんが、それがパンの製造に投じられ、その結果利潤を生みだして増加したので、資金10万円は利潤を生む資本としての働き（機能）を果たした、と言うことができます。「資本」という言葉は、このように、利潤を生みだす働き（機能）のことを指しているのです。ですから、この例では、資金だけではなく、その資金によって購入された生産要素やそれを用いて行われたパンの製造のプロセスも、利潤を生みだすために必要だったという意味で、資本としての機能を果たしている、と言うことができます。

1-3-3　企業活動による所得の発生・分配

　利潤を追求する活動は、先に述べたように、企業の活動として行われています。ですから、「資本」を体現している現実の存在は企業である、ということが理解できたと思います。

　さて、先のパン製造の例に話を戻しますが、もし出来上がったパンが11万円で売れたとすれば、一連の過程は次のような図式として描けます。

ここで、最後にパンを売って手に入れた売上げ11万円のうち、10万円はすでにそれぞれの生産要素を購入するのに使った金額が回収されただけですから、資本家が手にする利潤は1万円ということになりますが、そうはいかないことがあります。それは、この事業に必要な資金を資本家が借りていた場合、また土地を借りていた場合、それぞれ貸し手である持ち主に借り賃を支払わなければならないからです。資金を借りた場合は**利子**、土地を借りた場合は**地代**が、この借り賃に当たるものの呼び名です。そこで最後の売上げ11万円はその先こうなります（売上げを企業の「収入」とも言います）。

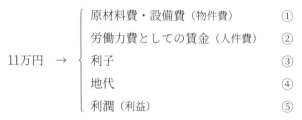

　このうち、①＋②は生産に要した費用であり、例では合計10万円でした。③＋④＋⑤は費用を上回った部分ですが、そこから利子と地代を支払った残りが資本家（企業）の得る利潤（利益）となります。また、別の面からみると、原材料や設備はすでに誰かが生産した生産物を買ってきたのですから、そこには初めからその金額だけの「**価値**」が含まれていた、と考えられるのに対して、それを除いた②〜⑤は、このパンの製造過程で①に付け加えられた「価値」、新たに生み出された「価値」であると言えます（②〜⑤の合計に設備費を加えた額を「付加価値」と言うことなど、第4章を参照して下さい）。

　なお、「価値」と言うのは、価格（金額）であらわされるそのモノの商品としての社会的評価のことで、例えば1万円という価格で現実に売れる商品ならそれだけの価値を持っており、1万円で売買されている他の商品と同じ価値を持ち、したがって売買を通じてそれと交換できる、ということです。

　また、新たに生み出された価値は、労働者の受け取る賃金、金貸し（個人もしくは銀行など）の得る利子、地主が受け取る地代、そしてそれらを支払ったのちに残る利潤（利益）という各種の所得に分かれます（正確に言えばその他に、税金として国家に支払われる部分もあります）。利益は、究極的にはその企業の所有者である資本家（株式会社であれば株主）の所得となる、と言ってよいでしょう。そして、この様々な所得が、それを得た人々の生活に必要なモノなどの購入にあてられ、様々な商品に対する需要となっていくわけです。

1-3-4 労働力の商品化

　以上の説明は、資本や企業の説明であるとともに、それが経済活動の中心に存在している資本主義の根本にかかわる説明でもあります。特に次の点が重要です。前に述べたように、人間の経済社会は人と人がどのような関係を結んで経済活動を営んでいるかということによって基本的に区分されますが、資本主義においては働き手の大半は自ら独立で労働・生産を行うことはできず企業に雇われることによって労働に従事しているということが、他の経済社会とは異なった資本主義社会の基本的な特徴を示している、と見ることができます。

　これは、先のパン製造の例においては、「生産に必要な労働力を買う」という形で示されています。売り手としての労働者の側から言えば、労働者は自らが持っている労働力（働けるという能力）を、例えば8時間分を1万円で、資本家（企業）に売っている、ということです。売買されるモノを商品と言うのですから、こういう事態を「**労働力の商品化**」と言います。先の、8時間分で1万円というのは、いわゆる賃金ですが、それは8時間分の労働力という商品の価値（価格）である、と言うことができます。この、労働力が商品として売買されることによって労働・生産が行われる、ということが一般化している点が資本主義の特徴だというわけです。

　この「労働力の商品化」ということから、次のようなことが生じます。商品の価格は、それがどんな商品であっても、需要と供給のバランスによって上がり下がりする、と言えるわけですが、労働力という商品の価格である賃金も、労働力の需要と供給のバランスによって上下することになります。後の章で学ぶように、労働力に対する需要は景気の良し悪しや企業の支払い能力などによって変わります。他方、労働者は働かなければ生活できないので、経済状況がどうなろうと労働力を売ろうとせざるを得ないという側面があるので、労働力の供給は需要ほどは変わりません。そうなると、例えば景気の状況次第では、労働力の価格である賃金が大きく低下してしまうとか、需要の減少の結果労働力商品が大量に売れ残ってしまう（つまり労働者が多数失業してしまう）、というようなこともあり得るわけです。そういう場合は、大半が労働者である国民の生活は悪化を免れません。ですから、景気の状態が問題となる際、賃金や失業など**労働市場**の状態が重視されることが多いわけです。

参考文献案内

・鶴田満彦編（1990）『入門経済学［新版］』有斐閣新書

・柴垣和夫（1995）『知識人の資格としての経済学』大蔵省印刷局

演習問題

・封建社会と資本主義社会はどのような点で根本的に異なっているのか、説明しなさい。

・企業活動によって様々な所得が発生し、それが様々な商品に対する需要を生み出す、という関係を説明しなさい。

・「労働力の商品化」とはどういうことか、説明しなさい。

第2章　現代の資本主義

2-1　現代世界の幕開け

2-1-1　資本主義の歴史的変化

　前章で見たような基本的な仕組みを備えた資本主義は、最初は19世紀前半のイギリスで確立し、その後ヨーロッパや米国、そして日本へと広がります。地域が広がり、時代が進むにつれて、資本主義の様相にも変化が生じますが、すでに見たような基本的な点は変わっていないと言ってよいでしょう。

　変わった主な点として、比較的早くには、19世紀末以降、中心となる産業がそれまでの綿工業をはじめとした**軽工業**から鉄鋼業などの**重化学工業**へと交代したことに伴って、企業が大規模化し、必用な資金の額も非常に大きくなったため、個人資本家が所有する企業ではなく、多数の株主によって共同所有される**株式会社**が広まったことなどが挙げられます。また、企業の大規模化による生産力の発達の結果、利益を追求する経済活動が国内に留まらず海外に積極的に向かうことに、すなわち輸出や海外投資が急増し植民地の獲得を目指す動きが強まることにもなり、海外進出で競い合う諸国間の対立関係が先鋭化する結果、帝国主義戦争としての第1次世界大戦が引き起こされたこともよく知られています。しかしここではそうした変化の説明は割愛して、話を先に進め、20世紀の第1次世界大戦後ないし第2次世界大戦後の現代の資本主義についての説明をしましょう。

2-1-2　世界大戦と大恐慌と大衆民主主義

　前章において、資本主義の特徴点として「**労働力の商品化**」ということを説明し、そのもとでは景気状況などによって賃金水準や失業などの雇用情勢が左右される、ということを指摘しました。そうすると、景気が極端に悪化した場合などは、賃金水準が大幅に低下したり失業者が大量に出てしまう、という問題が生じかねないことになります。20世紀の前半には、現にそういう事態が何度かありました。2度の世界大戦は、文字通り参戦国の総力をあげての戦争だったため、多くの国の経済状態に深刻なダメージを与えたことは周知のとおりです。また、2度の大戦の間の1929年から30年代にかけて、史上最悪の「**大恐慌**」が世界的規模で勃発し、極度に悪い景気状態からなかなか脱出することができませんでした。こういう事態の下では、大量の失業の発生や賃金の異常な低下によって、国民の生活は危機的な状況となってしまいました。その時、国家がそれを放置するというわけにはいかず、すぐに見るように、それまでになかった経済的役割を国家が果たすようになったのです。

　それには、次のような政治的変化も関係があります。19世紀末から20世紀前半には、労働者の増加や労働者階級としての政治的意識の高まり、ロシア革命の成功や社会主義運動の台頭、大戦への国民の動員が必要だったことなどを背景として、それまでのような有産階級だけが選挙権・被選挙権を持ち彼らだけの利益を守ろうとする「**ブルジョア民主主義**国家」から、一般の労働者大衆にも選挙権・被選挙権

第2章 現代の資本主義　13

を平等に与え政治に参加させる「**大衆民主主義**」の国家体制へと変わっていたのです。労働者大衆の困窮を無視できるような政治体制ではなくなったわけです（ただし1930年代のファシズムのように、民主主義を極度に抑圧する体制が現れるというような紆余曲折はありました）。

2−2　福祉国家体制

2−2−1　福祉国家の役割

　では、国家の新しい経済的役割とは何でしょうか。それは一言でいえば、国民の生活を国家が保障するということであり、それを「**生存権**」保障と言います。今日の先進国では当たり前のようなことですが、実はそれほど古くからのことではありません。1930年代米国の「ニューディール体制」あたりが始まりと言ってよいでしょうが、それとほぼ同時、ないしやや遅れて第2次大戦後にかけて、ヨーロッパでも生存権保障が一般化します。日本でも、戦後の新憲法の第25条に明文化され、それに基づき生存権保障を実質化するための政策展開や制度整備が高度成長期にかけて進められました。このように、国民の生存権を保障するようになった国家を**福祉国家**と呼びます。現代資本主義の国家は、政治的には大衆民主主義国家であり、経済的機能に即していえば福祉国家である、と言い得るでしょう。

　この現代の福祉国家は国民の生活保障のためにどういうことをやらなければならないのでしょうか。まず、基本的な経済状況が問題でしょう。つまり、先にも触れたように、景気が非常に悪いなどの原因で大量の失業者がいるとか、賃金が大きく下落してしまっているという状態では、生活が保障されているとは到底言えないことは明らかです。そして、福祉国家が形成された20世紀前半にはそういう経済状況に直面することがあった、ということも前に述べたとおりです。例えば、大恐慌時の米国では29年に155万人だった失業者数は32年には1,206万人にも達し失業率は26％、実に4人に1人が失業というありさまでした。ドイツでも、同じ期間に失業者数は190万人から560万人へと激増しています。その他のヨーロッパ諸国、あるいは「昭和恐慌」に見舞われた日本も同様の惨状でした。そのような労働力過剰（職が不足）の状態では賃金も異常に低下してしまい、米国では恐慌前の大体60％程度に下がってしまったとされています。

　こうした状況に対して、景気をできるだけ速やかに回復させ失業者を減らすことが求められたのは言うまでもありません。そのためには、財政や金融を手段とした政策が、それまでとは比較にならないほど積極的に展開されました。**財政政策**では、公共投資など財政支出の拡大あるいは減税の実施によって需要の増加を図り、景気の回復を促します。**金融政策**では、金利の低下や通貨量の増加をもたらすことによって経済活動・需要の拡大すなわち景気回復を図ります（金融政策、財政政策については第9、10章の説明を参照して下さい）。これらの政策は物価の上昇＝貨幣価値の下落につながりやすいので、**金本位制度**というそれまでの貨幣制度をやめ、政策の結果として貨幣価値が金（きん）の価値から離れることを許容する**管理通貨制度**を恒久的な貨幣制度とすることになりました（日本では1942年制定の日本銀行法によってそうなりました）。この**景気政策**ないし**経済成長政策**は戦後になると定着しましたが、その主な目的が失業問題の解決・防止を図ることにあるということから**完全雇用政策**と呼ぶこともあります（完全雇用とは、失業が現実の社会的な問題とならない程度にとどまっている状態を言います）。

また、賃金が生活困難な低水準から回復することを促すために、**労働組合**の企業に対する交渉力を強化する目的で、労働組合の法的地位を高めました。団結権、団体交渉権、争議権からなる**労働基本権**です。これは日本では第2次大戦終戦直後に確立されます。この結果、賃金は労働力の市場における需給関係によってのみ決まるというものではなくなったわけです。労働組合の闘争次第でどうにでもなるというものではありませんが、少なくとも労働基本権が保障されていなかった時よりは賃金が引き上げられやすく、あるいは不況期にも下がりにくくなったことは疑いのないところでしょう。そうなると、企業側は、賃金のそういう動き方に耐えられるように生産性を引上げることを迫られ、それが実現すれば結果としてより早い経済成長につながることになります。

労働組合は、賃金の他にも、労働時間、解雇、人事などの労働条件にかかわる事項について、経営者側と交渉し、できるだけ労働者の利益になるように活動します。さらに付け加えれば、法的保護を受けて強力となった労働組合やその連合体が政党活動や選挙にかかわることによって政治に対する影響力も持つようになります。このように、現代では、労働組合は制度的な存在として、企業経営のみならず政治・国家政策に対しても影響を及ぼすようになり、それを通じて労働者の利害がある程度実現され得るようになっているのです。

こうして、完全雇用政策によって失業の発生が抑制され、労働組合の力である程度の生活が可能な賃金水準が確保されれば、国民は賃金労働者として働いて生活することが一般的には可能な状態となっている、ということができます。しかし、それでもなお、失業者がゼロということはないですし、あるいは病気や高齢その他の事情によって働いて必要な生活費を稼ぐことができないという問題は残るでしょう。生存権を全般的に保障するというのなら、そういう場合の生活も保障しなければなりません。そこで、失業に限らず、様々な事情による生活困難に対する手当として、**社会保障制度**が必要とされます。その中には、公的な保険制度に加入し保険料を納めていることを条件としていざというときにお金が支給される**社会保険制度**（年金保険、医療保険、介護保険、雇用保険など）、保険ではなく一定の条件が認められればお金などが支給される**公的扶助制度**（生活保護など）、必要に応じて様々な物品やサービスが支給される**社会福祉**などが含まれます（社会保障制度については、第11章の説明を参照して下さい）。

このように見てくると、現代の国家はまさに福祉国家と呼ぶにふさわしいものであることが分かります。ちなみに、日本の国家予算の根幹をなす「一般会計」の中の、過去の借金の返済と利子支払いにあてられる「国債費」と地方自治体の予算に回される「地方交付税交付金」を除いた「一般歳出」、すなわちその年度の国の政策に支出される金額のうち、55％が社会保障のための経費でした（2015年度当初予算）。このように国家財政において、国民生活のための経費が支出の中心となると、それに対応して、収入の柱である租税も広く国民大衆から徴収する「大衆課税」となると考えられるでしょう（所得税、消費税などが中心）。ちなみに19世紀までは労働者のための国家施策はほとんど行われなかったのと同時に、労働者大衆から徴収される税はごく限られたものにすぎませんでした。

このように、現代の福祉国家は、かつてのブルジョア国家から大きく姿を変えたものと言ってよいでしょう。福祉国家はもともとは労働者の立場から資本主義を批判する社会主義の理念を制度化して取り込んだものだ、という考え方もあります。

2−2−2　福祉国家と経済成長

　このような福祉国家の成立は、国民生活の向上・安定をもたらすと同時に、企業を中心とする民間の経済活動に対して大きな影響を及ぼしました。完全雇用の維持を図るために国家はできるだけ景気を良くし経済成長率を高めようとしてそのための政策を行います。特に、戦後30年位は、米国以外のヨーロッパや日本では自動車をはじめとした**耐久消費財**産業がまだ未発達であったため、また石油化学工業やエレクトロニクス産業などが新たに登場したため、先進諸国には重化学工業の発展の可能性が開けており、それを発展させることによって雇用の増加と賃金・生活水準の上昇を図ることが可能でした。そのために、国家は産業発展とそれによる経済成長のための財政・金融政策などを積極的に展開しました。米国の場合は、東西冷戦の下での軍事費の膨張が結果として軍需産業をはじめとした重化学工業の発展のテコになりました。こうして1970年代初めまでは、かつてなかった速い経済成長が世界的に実現しました。日本で言えば**高度経済成長期**です。

　この過程で、経済成長とともに、労働組合の機能も働いて、労働者の賃金は急速に上昇しました。また先に述べたようにこの賃金の上昇が企業の生産性向上努力を促し、それが結果として経済成長を速めるという関係もありました。さらに社会保障制度の充実によって、生活の安定が図られました。これらによって、いわゆる先進国の一般大衆の生活は、衣食住の欲求充足のみならず、自動車や家庭電気製品など耐久消費財を購入し使用するという高度消費の水準となり、「**大衆消費社会**」の到来が言われるようになりました。この消費の高度化を条件として、耐久消費財を大量生産する機械産業の発達が可能となり、それとの関連で素材やエネルギーを供給する重化学工業も多面的に発展することができたのです。まさに**大量生産・大量消費**による高度成長ということができるでしょうが、ここで説明したように福祉国家がそれを可能にしたという面が大きいのです。

　このように、福祉国家体制の成立によって、経済発展と国民生活の向上がかつてなく順調に進展したため、戦後1970年代初め頃までは「資本主義の黄金時代」とも呼ばれています。しかし、すでに説明したように、これが単に資本主義そのもののメカニズムによって実現したものとは言えません。資本主義は「自由主義」「市場経済」と言われるように、本来は自由な企業活動、市場メカニズムによって成り立っているものですが、戦後の経済発展は福祉国家としての国家の機能を不可欠な要素として初めて実現したのだからです。ちなみに、どの国でも同様ですが、ドイツを例にとれば、政府財政の規模（対GNP比）は20世紀初めに10数％だったものが、第2次大戦後（西ドイツ）になると40％程度、1980年頃には50％近くへと格段に増加しており、もはや経済的存在としての国家は資本主義経済の補完物程度のものではなくなっていることがうかがえます（財政支出の中身については前に指摘した通りです）。

2−3　新保守主義、情報革命、グローバリゼーション

2−3−1　発展の行き詰まりと新保守主義

　1970年代初めまでの速い経済成長の下では、技術進歩によって労働生産性（一定の労働によってどれだけの付加価値が生産されるか）が急速に高まったため、賃金が上昇しても企業は利潤を確保できました。また、成長に伴う所得の伸びによって税収も増加したため、政府の社会保障支出などが増加しても財政

赤字がそれほど膨らまなくても済みました。

　しかし、1970年代に戦後の重化学工業発展が一段落し、生産性の伸びが鈍り成長率が低下すると、そうはいかなくなりました。70年代には**石油危機**などによる資源価格の上昇もあったので、それと賃金上昇の両方が企業のコストを増加させ利潤を圧迫しました。社会保障の拡充や景気対策の必要から財政支出が増加すると、税収の伸びがそれに追いつかず、財政赤字が膨張しました。また、同じく70年代には、資源・労働コストの増加を企業が製品価格に転嫁したこと、景気対策の実施（金融緩和による通貨増発や財政支出による需要追加）などによって**インフレーション**（継続的物価上昇）が激化し、様々な問題を生じさせました。このように、それまでの順調な経済発展が明らかに行き詰ってしまったのです。

　そこで、1980年代からは様々な面で変化がみられるようになりました。国家の政策という面では、イギリスのサッチャー政権、米国のレーガン政権をはじめとして、多くの先進国政府が「**新保守主義**」あるいは「**新自由主義**」と呼ばれる、福祉国家の色彩を薄めるような政策を志向するようになります。それは企業活動をしばる規制を緩めていく「**規制緩和**」、労働組合の弱体化を図る措置、企業に対する減税など、概して企業サイドに立った政策傾向であり、逆に言えば労働者の利害を従来よりは軽視する傾向と言って間違いないでしょう。こうすることによって企業利潤を増加させ、企業活動を活発化し経済成長率を再度高めようとしたわけです。

　しかし、これによって労働組合の法的地位が根本から否定されたわけではなく、また社会保障制度も大幅に縮小されたわけではないので、福祉国家体制は基本的には継続しているとみるべきでしょう。

2-3-2　コンピュータ技術の発展

　産業・企業の動向という面で見れば、コンピュータ技術に基づく新たな展開が目に付きます。1970年代末から80年代にかけては、日本企業を先頭に、**マイクロエレクトロニクス化**（ME化）が進みました。それは、マイクロコンピュータ（マイコン）を様々な機械に装着することであり、それによって新たな電気・電子機器が生み出されるとともに機械製品の性能向上や小型軽量化も実現されました。と同時に、機械工業などにおける製造装置をマイコン活用によってより自動化（**オートメーション化**）されたものにすることで、人手、特に熟練を要するそれを省き、コストを削減することを可能にしました（産業用ロボットなど）。更に、パソコンなどの事務機器（OA機器）が使えるようになって、オフィスの事務作業でも人手を省くことによる人件費削減がもたらされました。

　1990年代半ばからは、コンピュータ技術に基づく更なる新展開として、インターネットを基盤とした**IT**（Information Technology：情報技術）の発展がみられ、今日もなおそれが続いています。ITは情報通信分野での革新ですから、産業・企業に関してはMEのように主としてモノの製造の面で効果を発揮するものではなく、それ以外の面で大きな影響を与えるものでした。およそ、情報通信とほとんど関係ないというような業種はありませんので、単に情報機器製造業や通信サービス業が拡大するというだけでなく、その影響はすべての産業に及んでいると言ってよいでしょう。

　なかでも、知識・情報の収集・伝達・共有の重要性が高い分野においてその威力が大きい、と考えられます。例えば流通などはネット通販が急拡大するなどの変化がすでに生じていますし、製造業でしたら研究開発の比重が大きいハイテク分野などがそうでしょう。また、ITは、パソコン、ケータイなど

の形で個人・消費者の生活にも直接入り込んで様々な影響を与えていることは我々も経験しているとおりです。

　これらの、新技術の活用による新たな産業発展は、その妨げとなる規制の緩和・撤廃を新保守主義的政策として行ったことによって促進された面があります。

2−3−3　グローバリゼーション

　さらに、国内ではなく国際経済の側面において、いわゆる**グローバリゼーション**が進展しました。グローバリゼーションとは、一般的には経済活動がグローバル（全地球的）になる、という意味ですから、様々な側面を指します。確かに、第2次大戦前・大戦中の時期に分断された国際経済関係は、戦後再統一され、貿易などの自由化も進められました。70年代以降は国際金融・投資の自由化も進みました。それに伴ってこれらの国際経済関係が拡大しました。これもグローバリゼーションというなかに通常は含まれています。

　その上で、1980年代以降になると、情報通信手段が発達し、国際的なコミュニケーションが格段に容易になりました。交通手段はそれ以前から発達してきていました。そうなると、企業活動だけでなく、企業組織そのものが、1つの国内にとどまらなければならない理由はなくなってきます。国内とほとんど同様に、モノやカネや情報が、時間やコストをかけずに国際移動できるようになったからです。

　こうして、1980年代後半あたりから、主として先進国企業が（やがて発展途上国の企業も）母国以外の多くの国に子会社を設け、本社・子会社のグループ内で分業関係を展開する動きを急速に進めるようになりました。その企業が必要とする事業を（製造業であればいろいろな製造工程を）それぞれに最適な国・地域に立地させる、ということになるわけです。先に見たME化も、特別の熟練労働者や特定技術を持った関連企業が存在する必要性を小さくすることによって、製造業でのこうした動きをもたらす要因となりました。このような企業を**多国籍企業**あるいはグローバル企業などと呼びます。

　多国籍企業という言葉ははじめは1950年代末に米国企業のヨーロッパ進出に対して使われるようになったのですが、当時はまだそういうケースに限られていました。しかし、80年代後半以降は、先に見たような条件に支えられて文字通り世界的な現象となったのです。これは、ちょうどグローバリゼーションという言葉が経済に関して使われるようになったのと同時期のことであり、まさにこの多国籍企業化こそがグローバリゼーションの核心をなすものと言えるでしょう。

2−3−4　変わる国際分業関係

　これによって**国際分業**関係は大きく変化しました。資本主義の初めから、国際分業と言えば、先進国が製造業、植民地・発展途上国が農業や天然資源産出にそれぞれ特化し、相互にその生産物を貿易しあう、というものでした。第2次大戦後は、先進国間での製造業内部の分業関係が拡大したり、発展途上国のごく一部に工業製品の生産・輸出を伸ばす国が現れたりしましたが、最近の新しい傾向はその程度のことではありません。多国籍企業がその生産拠点を安価な労働力や新成長市場を求めてどんどん途上国に移転しているのであり、製造業のますます多くが先進国産業ではなく途上国産業に変わってきているのです。アジアの発展途上国である中国が、1980年代以降に外国製造企業の進出を受けることによっ

て製造業生産を急増させて「世界の工場」と呼ばれるようになり、工業製品を中心に輸出を100倍以上に増加させ、今や世界第1位の輸出額を誇るようになった、という事実がそれをよく示しています。

さらに近年では、途上国に移されるのは製造業の生産拠点だけではなくなりました。経済発展によって途上国現地の市場が拡大したため、そこでの販売を意識して現地向け商品を開発するための研究開発拠点もそこに設けられるようになり、同じく現地向けのサービス産業の進出も盛んになってきています。また、IT革命によって事務労働を外部企業に委託すること（「オフショアリング」）が可能になったため、それを賃金の安い途上国の企業に委託することも多くなっています。

こうして、製造業の多くが途上国にその立地を移したため、先進国では製造業の比重がかなり低下してきています（脱工業化）。それとともに、先進国で比重を増してきたのがいわゆる第3次産業（サービス産業）であり、近年ではそのGDPに占める割合は日本も含めた先進国のほぼすべての国で70%以上に達しています（「**経済のサービス化**」）。第3次産業の中でも、古くから発達していた卸売り・小売りなどではなく、現代の豊かな消費生活を象徴する情報・通信、医療・福祉、教養・教育などのサービス業が特に比重を増加させています。

これらのサービス業やそこで使われる機器などを生産するハイテク製造業などは、新たな知識や技術が次々に開発される事によって発展する、という特徴があり（知識集約的ないし技術集約的産業と呼ばれる）、**イノベーション**の重要性が強調されるようになっています。このことから、現代の先進国経済はサービス化と共に「**ソフト化**」している、と言うことができるでしょう（イノベーションという言葉は、新しい技術の発明以外に、企業などの組織の変革など、様々な面での革新を指す語として使われています）。

2－3－5　発展途上国経済の動向

以上のような国際分業の変化に関連して、発展途上国経済の歴史をごく簡単に振り返っておきましょう。第2次世界大戦以前には、アジア、アフリカ、ラテンアメリカなどの発展途上地域はそのほとんどが先進国列強の植民地とされていました。その当時は、宗主国の必要とする鉱山や農園の開発などとその産物を運搬するための鉄道建設など、ごく限られた近代的産業しか移植されませんでした。

第2次大戦後、植民地の大半が次々と独立することになりますが、そうなると近代化を目指して工業化を図るようになります。しかし、先進国にすでに発展した工業が存在する下では、それと競争して工業を発展させることは容易なことではありませんでした。先進国が自国農業を保護し農産物輸入を抑えたこと、独立した多くの途上国が限られた特産品の増産を図ったこと、農産物・天然資源に代替する工業製品が開発されたことなどから、主に途上国の生産・輸出する第1次産品（農産物、天然資源）の生産過剰・価格下落が続いたことも、途上国経済の成長を抑えました。同時に、先進国からの援助などによって保健・医療などの環境が改善したため、急激な人口増加が起こり、食料不足や貧困問題の悪化すら生じてしまいました。

このような途上国経済の発展困難、貧困、先進国との間の格差の拡大などという状況を打開するための方策を、途上国は先進国に要求し、これが1960年代から70年代にかけて**南北問題**と呼ばれたのです。その中で、70年代には**資源ナショナリズム**と呼ばれた、先進国企業が所有する油田・鉱山などの国有化と資源価格の引き上げが行われ、特に2度にわたる石油ショックがもたらされました。しかし、それで

潤ったのも石油輸出国などに限られ、大半の石油輸入途上国はむしろこれによって経済的ダメージすら受けてしまいました。他方、アジアの韓国、台湾などいくつかの国（「アジアNIEs」など）は、先進国企業の進出を受け入れて工業製品の生産・輸出を急増させることに成功しますが、先進国企業のそうした動きはまだ限られていたので、そのような途上国もまた限られたものにすぎませんでした。ですから、80年代前半くらいまでは、南北問題は国際経済、国際政治における一大課題とされていたのです。

これが大きく変わったのは、80年代後半ないし90年代以降で、南北問題という言葉もほとんど聞かれなくなりました。もちろん、80年代末から90年代初めにかけて、旧ソ連をはじめとした社会主義諸国の多くが資本主義へと体制転換し（**冷戦崩壊**）、その結果途上国が経済的苦境を原因として資本主義体制から離脱することを心配しなくても済むようになった、という事情もあるでしょう。けれども、それだけではなく、ちょうどこのころから、さきに見たようなグローバリゼーション、途上国への製造業その他の移転という流れが強まり、途上国の工業化・経済発展の道が少なくとも従来よりはるかに大きく開けた、という事実が背景にあることは明らかだと思います。もちろん、グローバリゼーションの波にはほとんど乗ることができていないアフリカなどに非常に深刻な貧困問題が取り残されていることは忘れてはいけないのですが。

2−3−6　先進国労働者の状態

以上で見たような、1980年代以降の新しい状況、すなわち新保守主義的政策、MEやITの新技術の発展、グローバリゼーションなどは、先進国の労働者の状態に大きな影響を及ぼしています。それは、いずれも雇用の減少や質的悪化、賃金の抑制ないし下落、所得格差の拡大をもたらすといった形であり、世界的に大きな問題とされています。

これまでにもオートメーション化によって工場労働者の必要数が減少したことやグローバリゼーションによって工場そのものが途上国に移転したこと、さらにOAによって事務労働も削減されたり途上国に委託されるようになってきていることはすでに見た通りであり、これによって先進国のそれまであった雇用が削減されたことは確かです。ごく最近、そしてこれから先は、IoT（Internet of Things：モノのインターネット）やAI（Artificial Intelligence：人工知能）の発達によって雇用削減が一層進んで行くという見方も広まっています。さらに、途上国の低賃金労働との競争によって先進国労働者の賃金が押し下げられ、また人件費を削減するために正規雇用から非正規雇用へのシフトが進んでおり、賃金の水準や雇用の安定性の面で悪化や格差の拡大が余儀なくされています。

新保守主義的政策も、非正規雇用に関する規制緩和や労働組合の弱体化を通じてこれら一連の雇用・賃金の悪化を促進する役割を果たしている側面があり、さらには財政・社会保障などの面で所得再分配（所得の高いところから多くの税金を取り所得の低い人に多くの給付を与える）の機能を後退させて格差を広げる結果となっています。

もちろん、新しい技術の発展や規制緩和によってサービス分野の新産業が生み出されたりそのような分野での個人の起業の道が開けたりという動きもあります。また、新技術による労働生産性の上昇は今後の労働人口減少という成長制約要因をカバーするものという積極評価も考えられます。したがって今後、新しい技術がもたらす結果が実際にはどうであるか、衰退が確実とみられる製造業に代わる新たな

産業・雇用が発展し得るかどうか、それらとも関連して政策動向がどうなるか、などに注意すべきだと思います。

参考文献案内

・SGCIME（2010）『現代経済の解読—グローバル資本主義と日本経済』御茶の水書房

・野口悠紀雄（2017）『日本経済入門』講談社現代新書

演習問題

・福祉国家はどのようにして国民の「生存権」を保障しているのか、説明しなさい。

・コンピュータをはじめとした情報技術の発達は経済社会のあり方をどう変えてきているのか、議論してみよう。

・グローバリゼーションの原因と影響について、説明しなさい。

第3章　需要・供給と価格の決定

3-1　市場の種類と役割

　私たちの身の回りには、商品があふれています。私たちが口にするお米や肉・魚といった食料品から、衣類、家電製品、日用雑貨など挙げればきりがないほどで、私たちが日ごろ手にするものはほとんどすべて商品として売られていたものであるといっても過言ではないでしょう。

　さて、これらの商品を売買する場が「**市場**（しじょう）」です。例えば、商店街のようにお店が立ち並ぶ場所が代表的な市場ですが、最近ではインターネットなどを通じた目に見えない取引も増えており、こうした取引の全体を指して市場と呼ぶ場合もあります。

　また市場は、そこで取り扱う商品の違いによって、様々な種類に分かれます。生産者が作った製品を消費者がお金を支払って買う場は特に「**生産物市場**」と呼びますが、これ以外にも、労働者が自身の労働力を企業らとの間で売買する「**労働市場**」や、資金の借り入れや貸し出しが行われる「**資本市場**」などがあります。

　なお経済学の世界では、こうした経済活動を行う担い手（単位）のことを「**経済主体**」と呼びます。代表的なものとしては、「**家計**」「**企業**」「**政府**」の3つが挙げられます。

　図3-1は、代表的な経済主体である家計や企業と上記3つの市場との関係をまとめたものです（話を簡略化するため、ここでは政府については割愛します）。まず生産物市場において、企業は自社で生産した生産物を家計に提供し、家計はその代価として価格に基づく代金を支払います。次に労働市場において、家計は自らの労働力を企業に提供し、企業はその代価として賃金を支払います。最後に資本市場において、家計は企業に資金を提供し、企業はその代価として家計に利子を支払います。あくまで大まかなとらえ方ですが、家計と企業は基本的にはこうした経済的な関係にあると言えます。

図3-1　3つの重要な市場

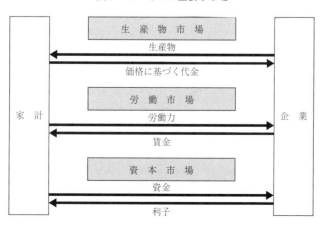

22 　現代日本経済演習

　そして、これらの商品の値うちは、「価格」という数字で、私たちの目の前に現われます。通常は、品質の高い商品であれば値段も高く、逆に品質の低いものは低い値段がつきます。消費者に商品を提供する企業は、同じ種類の商品を提供する他企業のものよりも消費者に選ばれるよう、品質や価格の面で競い合っています。消費者は数多くの商品の中から自らの好みにあったものを選び取りますが、品質が同じであれば、より値段が安い物を選択するでしょう。このように、他社の製品よりも低い値段をつけ続けてお互いに競り合うことを「**価格競争**」と呼びます。

　ところで、市場のある経済では、それぞれの生産者は商品を自由に生産し、またそれぞれの消費者も商品を自由に消費します。言い換えれば、市場経済では、生産量や消費量の決定が市場とその参加者（生産者と消費者）に委ねられています。このような社会では、生産者がある１つの商品を作りすぎたり、消費者が商品を使いすぎたりすることが頻繁に起こりそうですが、実際には特定の商品が溢れかえったり品切れになるようなことは、ほとんど起こりません。

　市場においては企業同士が競争を行うため、生産量が多くなると価格が下がり、儲けが少なくなります。儲けがなくなると生産者にとっては商品を作るメリットがなくなりますので、生産者は生産量を減らすように活動を修正します。また逆に生産量が少ない場合は価格が上がり儲けも多くなりますので、生産者は生産量を増やすように生産活動を活発にします。このように、市場を通じて生産量や消費量が調整される仕組みを「**市場メカニズム**」と呼びます。

3-2　市場と価格

3-2-1　需要と供給

　商品につく価格の動きを決める最も基本的な要素と言えるのが、「**需要**」と「**供給**」です。ある商品について人々が買いたいと思う数量の合計が需要、売りたいと思う数量の合計が供給で、市場で両者が一致するような価格は特に「**均衡価格**」と呼ばれます。市場は、この需要と供給をもとに生産量と消費量を調整し、均衡価格を形成します。これが「**価格メカニズム**」です。

　ここで、オレンジを例に市場メカニズムについて説明します。天候に恵まれてオレンジが豊作になったとすると、市場へのオレンジの供給が増えます。ここでオレンジの需要が変わらないとすると、オレンジの値段は下がることになります。そしてオレンジの値段が下がると、オレンジを購入したいという需要が増える一方で、オレンジを生産したいという供給が減ることになります。こうして、価格は需要と供給が一致する水準に落ち着くことになります。

　反対に、天候不良が続きオレンジが不作になったとすると供給が少なくなります。そして、供給が需要に追いつかなくなると、価格が上がることになります。そして価格が上がると需要が減り、供給が増えることから、価格はやがて需給が一致する水準に至ります。

　以上の仕組みを図式的に表現すると、次のようになります。

供給＞需要　⇒　価格下落　⇒　需要増加（供給減少）　⇒　需給一致
需要＞供給　⇒　価格上昇　⇒　需要減少（供給増加）　⇒　需給一致

　なお補足しますと、前述の例のような野菜や果物の場合、価格の変化によって供給を減らすことはで

きても、（海外との貿易を考えない限り）増やすことは難しいといった問題があります。このように、上記のような法則が実際の動きに当てはまるかどうかは、現実社会を視野に入れながら、丁寧に考えていく必要があります。

3-2-2 需要曲線と供給曲線の考え方

　以上の需要と供給の関係を、図式的に考えていきましょう。以下のグラフは需給曲線と呼ばれるもので、みなさんも高校までの社会の教科書で見たことがあると思います。このグラフでは横軸に商品の数量、縦軸に価格をとるのが一般的ですが、ここでは分かりやすくするため、横軸に商品を購買する人の数も加えて考えます（なお、商品を購入するのは1人1個とします）。このグラフのもとで、需要の数量と価格との関係を表したものを「**需要曲線**（Demand curve）」、同じく供給の関係を表したものを「**供給曲線**（Supply curve）」と呼びます。

　さて、ある商品の需要量は、価格が上がれば減少し、下がれば増加すると考えられますから、需要曲線（D）は右下がりになります（図3-2）。例として、ここではパンの売れ行きとしてみましょう。このグラフによると、300円のところで10人、100円のところで30人となっていますね。これが意味しているのは、「（パンが）300円であれば10人しか買わないが、100円なら30人の人が買うようになる」ということです。言い換えますと、「商品（パン）の値段を200円下げたことで買う人が20人も増えた」ということになります。

　なお、この曲線の傾きがなだらかな場合は、価格が少し下がっただけで需要量が大幅に増えるということを意味します（D_1）。例えば「300円で10人が買う」は変えないとして「200円で30人が買う」となれば、「100円下げただけで買う人が20人増えた」ということになりますので、値下げに対して消費者（パンを買う人）の動きが敏感であると考えることができます。また、曲線の傾きが急な場合はその反対で、価格が下がっても需要が増えにくいことになります（D_2）。例えば「100円で20人が買う」とすれば「200円下げても10人しか買う人が増えなかった」ということになりますので、値下げに対して消費者の動きが鈍感であると考えることができます。

　一方、供給量は価格が上がれば増加し、下がれば減少すると考えられますから、供給曲線（S）は右上がりになります（図3-3）。同じくパンを例として見ていきます。このグラフでは、100円のところでは10個、300円のところでは30個となっています。これは、「（パンが）100円であれば10個しか作らない

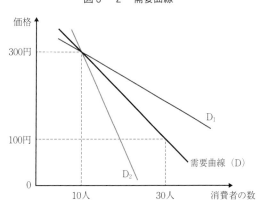

図3-2　需要曲線

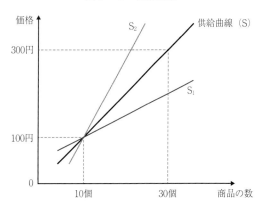

図3-3　供給曲線

（売らない）が、300円なら30個を作る（売りに出す）」ということです。言い換えますと、「パンの値段を200円上げたら作られる商品が20個増えた」ということになります。

ここでの曲線の傾きについても需要曲線とほぼ逆のことが言えます。この曲線の傾きがなだらかな場合は、価格が少し上がっただけで供給量が大幅に増えるということを意味します（S_1）。例えば「100円なら10個作る」は同じとして「200円で30個作る」となれば、「100円上げただけで作られる商品が20個増えた」となります。こちらの方が、価格の動きに対して生産者（パン屋さん）の動きがより敏感であると言えます。また、曲線の傾きが急な場合はその反対で、価格が上がっても供給が増えにくいことになります（S_2）。例えば「300円で20人が買う」とすれば「200円上げても10個しか商品が増やされなかった」ということになりますので、価格に対して生産者の反応が鈍いものと考えることができます。

そして商品の価格は、この需要曲線と供給曲線が交差する点（E）で決まります（図3－4）。この交差点にあたる価格が先ほどの均衡価格で、市場価格と呼ばれることもあります。例えば商品（パン）の価格が300円の場合、供給側は30個の商品を作るのに対して需要側は10人しか買い手がいません。つまり供給＞需要で、供給超過ということになります。この場合、供給側は売れ残りを防ぐために価格を下げていきます。供給側が複数人いる場合は、値下げ競争が行われるわけです。価格が下がれば商品を購入する人も増えますので、徐々に需要と供給のギャップが小さくなっていきます。こうして落ち着くところが均衡点ということになります。

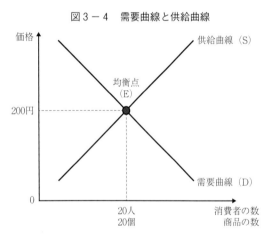

図3－4　需要曲線と供給曲線

需要超過の場合はこの逆です。いま、パンの価格が100円だとすると、この値段で買う人は30人いますが、売る側は10個しか作りません。つまり需要＞供給、需要超過の状態です。この場合、値段を上げていくと徐々に買う人が少なくなり、需給ギャップが縮まっていきます。こうして均衡点の水準に数量と価格が落ち着くことになります。

3－2－3　需要曲線が変化する場合

上記のグラフをもとにして、様々な経済状況について考えることができます。例えばいま、国民の所得が増加し、商品の需要が増えたとします。すると、その商品の需要曲線は右方向にシフト（移動）します（D→D'）。だがここで、もし供給側に変化がないとすると、価格は供給曲線とシフト後の需要曲線との交点（E_1）まで上昇します（図3－5）。図の例の場合、パンの価格が300円、消費者数と商品数が30人・30個で均衡しています。パンの価格が300円の時、最初の曲線（D）では10人しか買う人がいなかったのに対して、新しい曲線（D'）ではパンを買

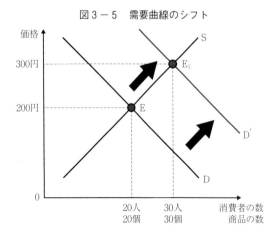

図3－5　需要曲線のシフト

う人が30人に増えています。また供給側で見ると、以前は200円で20個しか売れなかったのが、今度は300円で30個売れるようになっています。売る側にとってどちらが得かは一目瞭然ですね。

なお逆に需要が減った場合はこの反対で、需要曲線は左方向にシフトし、供給側に変化がなければ、価格は低下することになります。

3-2-4 供給曲線が変化する場合

供給曲線の場合も基本的な考え方は需要曲線と同様です。まず、天候の良好さや技術の改善などによって供給が増えたとすると、その商品の供給曲線は右方向にシフトします（S→S′）。ここで需要側に変化がなければ、価格は新たな均衡点（E₂）まで低下します（図3-6）。例によると、パンの価格が100円、消費者数30人・商品数30個が新たな均衡点になっています。パンが100円の際、最初の曲線（S）では10個しか作られなかったのが、新しい曲線（S′）では30個も作られるようになっています。安い値段でより多くの人がパンを買うことができるわけですから、家計にとってとてもありがたい状況ですね。

なお需要曲線の場合と同様、供給が減ったときはこの逆で、供給曲線は左方向にシフトし、需要側に変化がなければ、価格が上昇することになります。

3-2-5 両方の動きの合成：需要曲線と供給曲線のシフト

実際の経済では、これらの動きが単独で起きることは少なく、両者の動きが一体となって進んでいく方が現実的です。図3-7をもとに考えてみましょう。いま、パンの人気が上がり、需要が増えたとします。この場合、DからD′へのシフトが起き、均衡価格は上昇します（E₁）。次に、供給側（パン屋さん）はこの状況を見て、作るパンを増やしたとします。パンの個数は増えますが、そのままの値段では買う人は先の均衡点の人数（30人）より多くはいませんので、商品が売れるために値下げが起こります。こうした価格の引き下げを通じて、新たな均衡点（E₃）、ここでは価格200円、消費者数40人、商品数40個の水準に落ち着くことになります。この例では、価格の水準がEとE₃で変わりありませんが、これは今回の例でたまたまそうなっただけで、状況設定次第で、前の水準よりも高くなる場合もあれば、低くなる場合もあります。

なお前述の例は、他の様々な事例に応用することができます。同じ図を使って、電気料金を例にとっ

図3-6　供給曲線のシフト

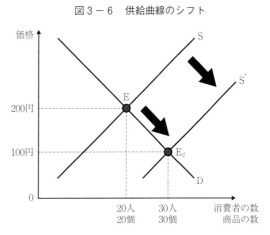

図3-7　需要曲線と供給曲線のシフト

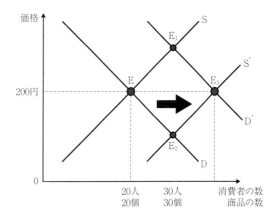

て考えてみましょう。まず、新たな電力供給源の発展などにより電力会社の供給体制に改善が生じて供給量が増加したとします。この場合、供給曲線が右側にシフトしますので、均衡価格は下落することになります（E₂）。このグラフの場合では、以前よりも多い数量を、以前よりも安い値段で購入することができる、ということになります。

次に、需要側である消費者は、電気料金の値下がりの動きがありますと、節電意識を緩めてより積極的に電力を使用するようになります。この場合は需要量が増加することになりますので、需要曲線も右側にシフトすることになります。両者の動きの結果、新たな均衡点（E₃）が得られることになります。

3-3 市場機構の意義と限界

3-3-1 市場機構の経済的合理性

本章のまとめとして、市場機構の意義と限界について考えてみましょう。

まず、市場機構の経済的な合理性について、確認していきます。

第1に、価格の自動調節機能です。市場は、価格が需要と供給を自動的に調節する機能をもっていると考えられます。もし第2次大戦中や終戦直後の日本にもあったように諸商品を消費者に配給するような制度になれば、より多く欲しい人は、公定価格以上のヤミ価格を払って商品を手に入れようとするでしょう。また配給される量が少ない場合は、窃盗などの犯罪も増えることが予想されます。

第2に、希少財の配分機能です。価格が機能することで、希少な財をより強く望む人々に、その財を配分することができる可能性があります。もちろん希少な財にはその希少性に見合った価格がつけられますので、その商品を求める人が、その価格を支払うことができることが条件になります。そして希少財を求める人は、その願望の強さに応じて金額を支払えばよいということになります。ただし、この機能が有効に発揮するためには、需要者の所得に差がないということが必要です。

第3に、資源の効率的配分です。市場では、諸商品の価格の高低が財の多少を表示していますので、その商品の生産のために、利用可能な資源をどのように利用したらよいかを教えてくれることになります。

3-3-2 市場機構の限界

上記のように、市場機構は多くの点で経済的に優位な性質をもっていますが、次のような限界があることに注意が必要です。

第1に、資本主義における市場は、弱肉強食の競争市場です。このような社会では、経済力の強いものは弱いものを打ち倒していき、利益を多く確保してさらに強者になる一方で、弱いものはますます弱者へと貶められることになり、経済的不平等（例えば富と所得分配の格差）が拡大の一途をたどる可能性があります。

第2に、市場では、市場の外にある問題を解決することができません。例えば、近くに新幹線の駅ができると、周辺の地価が上がってもうかる人（**外部経済**）もあれば、逆に騒音公害でひどい損失を受ける人（**外部不経済**）もあります。企業は、外部経済は自分のふところにしまいこむ一方で、社会的費用

となる外部不経済には目をつむって負担しようとはしません。

第3に、公共財の確保です。公共財の代表的なものとして警察や消防などが挙げられますが、これらに共通しているのは、自分だけのものとして他人の利用を禁止できない（非排除性）ということです。そして、人々はその必要性を誰もが認めながら、その費用分担の話になると消防署の費用分担のように、自分のところは火事を出したことはないから分担する必要はないという具合に、「ただのり（フリーライド）」をきめこもうとします。こうして、この種の財では、本来市場は成立できるようになっていません。

第4に、弱肉強食の論理が作用する市場経済においては、資本力のある強い企業が、力の弱い企業を打ち負かして倒産に追い込んだり吸収したりします。その結果、大企業を中心に、寡占・独占が成立し、それを放置しておくと、管理価格やカルテルなどによって消費者が犠牲になります。

まとめますと、市場は、正常に機能しているかぎりは生産量の増大や資源の効率的な配分にとって非常に有効ですが、それだけで経済社会がすべてうまくいくわけではありません。市場メカニズムの下で暮らす私たちは、市場が機能に支障をきたした場合には、それを修正するための働きかけがないかぎり、私たちが住む現実の社会に大きな損害をもたらしうるということを、よく理解しておく必要があります。

参考文献案内

・大竹文雄（2005）『経済学的思考のセンス』中央公論新社
・ジョセフ・E・スティグリッツ、カール・E・ウォルシュ著、藪下史郎ほか訳（2012）『入門経済学（第4版）』東洋経済新報社

演習問題

・需要曲線と供給曲線、およびこれらの動きについて、それぞれ説明してみよう。
・市場機構が優れている点とは、どのようなものが考えられますか。説明してみよう。
・「外部経済」「外部不経済」とは、それぞれどのようなものでしょうか。

第4章　国民所得の構成要素

4-1　経済の豊かさとは何か（基本概念、考え方）

　あなたにとって、「豊かさ」とはどのようなものでしょうか。お金や商品など、モノがたくさんあることを指す人もいれば、自分の趣味に費やす時間が大事という人、あるいは家族や親しい友人などとの関係をとても大切にしている人もいるでしょう。このように、「豊かさ」の内容は人によって様々なものがありますが、国や地域の豊かさを、主に金額的な側面から測るものが「GDP」です。本章ではこのGDPについて掘り下げていきながら、豊かさについて考えていきましょう。

　まずGDPとは「Gross Domestic Products：国内総生産」の略称で、簡単に言えば国全体での稼ぎを表します。より詳しく言いますと、これは国内である一定期間（例えば1年間）に新しく生み出された価値の総量で、付加価値と呼ばれるものの量でとらえます。この付加価値とは、企業などの経済主体がモノやサービスを生産するプロセスにおいて新たに作り出した価値を意味します。

　次に、付加価値のとらえ方について考えます。ここでは私たちが日ごろ食べるパンの場合を例にとって見ていきましょう（図4-1）。

　まずパンが作られる流れは、原料である小麦を作るところから始まります。そしてその小麦から小麦粉が生産され、小麦粉からパンが作られる、という流れになります。ここで、農場で小麦を50万円分、製粉工場で小麦粉を100万円分、そしてパン工房でパンを150万円分、それぞれ製造しているとしましょう。最初の小麦を作る工程では、原料費が特にかかっていないとすれば、50万円分がすべて付加価値になります。次の小麦粉を作る工程では、すでに作られている小麦を元に、新たに小麦粉が作られますので、新たに生み出された価値は「小麦粉の金額から小麦の金額を引いた差額」ということになります。上記の例では100万円－50万円＝50万円、という計算になります。最後のパンの製造でも同様で、ここでは150万円－100万円＝50万円になります。

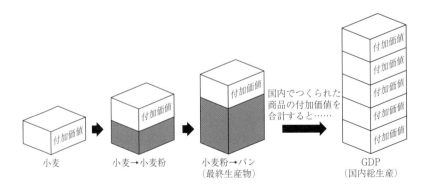

図4-1　付加価値とGDP（イメージ）

第 4 章　国民所得の構成要素　　29

　これらの商品の付加価値の合計は、最終生産物の価値に等しくなります。上の例で確かめますと、50万円＋50万円＋50万円＝150万円となり、ここでの最終生産物であるパンの価額、150万円と一致することが分かります。そして、これらの付加価値を、あらゆるモノやサービスについて国全体で合計したものがGDPになります。この例では、150万円がGDPになるわけです。

　以上の付加価値、最終生産物、そしてGDPの関係を式で表しますと、次のようになります。

最終生産物＝付加価値の合計

GDP＝国内で生産された付加価値の合計

　最後に、GDPについては次の点に注意が必要です。まず、ここで富の生産にあたる活動には「財」の生産と「サービス」の生産があります。つまり富の対象となるのは物的な財貨だけでなく、人や企業に対するサービスも含みます。また、このGDPは通常、貨幣量（金額）で測られます。逆に言えば、金銭で測れない価値（例えば家事労働やボランティア活動など）は、ここでは対象外となります。さらに後でも述べますが、社会の物事を金銭で測ることには明らかに限界がありますので、国の経済状態を測る場合も、GDP以外の様々な指標（ものさし）を用いる必要があります。

　いずれにせよ現代の経済社会においては、この指標がその国や地域の経済状況を示す最も基礎的な資料の一つとして位置づけられ、政府の政策判断など、様々な場面で用いられています。

4-2　経済活動と成長のとらえ方（国民経済計算、経済成長の計算、実際例）

4-2-1　国民経済計算と1人あたりGDP

　ここでGDPを中心に、国民経済のとらえ方について詳しく見ていきましょう。

　国民経済の状況について知りたいときに基本的な資料となるのが、政府が作成する「**国民経済計算**」と呼ばれる統計です。これは、ある国の経済の動向を総合的・体系的に明らかにすることを目的とした統計で、現在では世界の数多くの国で作成されています。

　次ページの棒グラフ（図4-2）は近年の日本のGDPを表わしたものです。例えば直近の2015年を見てみると、およそ500兆円にのぼっています。過去20年間をさかのぼってみても、おおむね500兆円前後で増減していることが分かります。

　とは言うものの、この金額では大きすぎて身近には感じにくいですね。そこで、もう少し私たちが実感しやすい数になるように考えてみましょう。まず、GDPは国全体での数字ですが、これを国民1人あたりの金額にしたものが「**国民1人あたりGDP**」です。これは、GDPをその国の人口数で割ることで求めることができます。例えばここでGDPが480兆円、人口を1億2,000万人だとしますと、国民1人あたりのGDPは400万円になります。いまの計算は仮のものですが、実際のデータを用いた場合もこれに近い数字で、例えば2015年度の国民1人あたりGDPの値は約394万円になります。

　ところで、この国民1人あたりGDPの対象になるのは国民全員ですが、この計算を現実的に考えると、日本では赤ちゃんからお年寄りまですべての人がそれぞれ400万円分の付加価値を生み出している、ということになります。ですが、生まれたばかりの赤ちゃんを思い浮かべれば明らかなように、私たち

30　現代日本経済演習

図4－2　名目GDPの推移（1994～2015年）

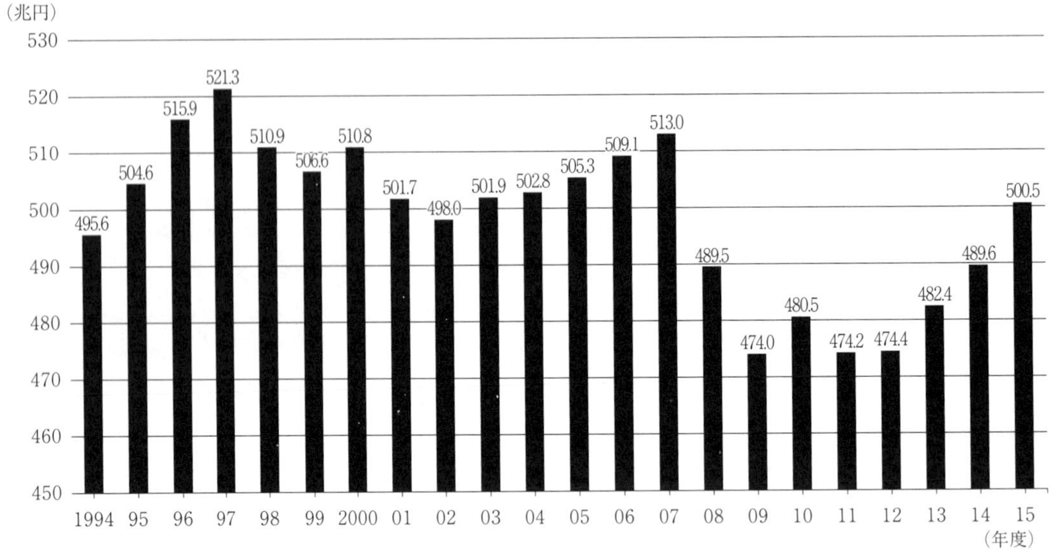

（兆円）

1994: 495.6
95: 504.6
96: 515.9
97: 521.3
98: 510.9
99: 506.6
2000: 510.8
01: 501.7
02: 498.0
03: 501.9
04: 502.8
05: 505.3
06: 509.1
07: 513.0
08: 489.5
09: 474.0
10: 480.5
11: 474.2
12: 474.4
13: 482.4
14: 489.6
15: 500.5
（年度）

出所：内閣府『国民経済計算』より作成。

はみんながみんな、生産活動（市場で取り引きされる商品を作り出す活動）をしているわけではありません。そこで、もう少し現実に近い形として、今度は働く人の人口で考えてみましょう。日本の就労者が全人口の半分、ここでは6,000万人であるとすると、480兆円÷6,000万人で、１人あたりのGDPは800万円になります。つまりこの見方をとりますと、日本の働く人は平均で800万円の新しい価値を生み出している、ということになります。

　以上の計算は厳密なものではありませんが、途方もないGDPの金額が、私たちの日常生活の結果として形作られるものなのだと実感することが大事です。

4－2－2　経済成長率

　続いて、ある国や地域の経済がどのように成長しているのか、GDPを用いた方法について見ていきます。

　まず、GDPが一定期間にどれだけ伸びたかを測るのが「GDP成長率」、一般に「経済成長率」と呼ばれているものです。通常は、前年のGDPに対して今年のGDPがどれだけ増加したのかという計算で求められます。式で表すと、

$$経済成長率 = \frac{今年のGDP - 前年のGDP}{前年のGDP} = \frac{1年間のGDPの増加量}{前年のGDP}$$

となります。記号を使った場合は、次のような表現になります。

$$g = \frac{Y_t - Y_{t-1}}{Y_{t-1}}$$

　ここで「g」は経済成長率、「Y」はGDPを指します。また、Yの右下についている「t」は期間を

図4－3　GDP成長率の推移（名目）

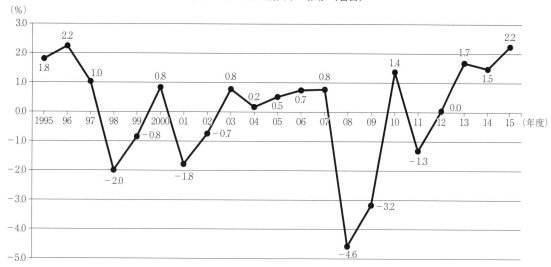

出所：内閣府『国民経済計算』より作成。

示すもので、「Y_t」であれば「t期のY」、「Y_t-1」であれば「t－1期のY」を意味します。なお、この成長率は、上記のgの値に100をかけ、％で表記するのが一般的です。

では、数値を入れて計算してみましょう。

例1）前期から今期でGDPが100兆円から110兆円に増加した場合
　成長率＝(110－100)／100 ＝10／100 ＝1／10 ＝10％　　　　A．成長率　10％

例2）前期から今期でGDPが500兆円から475兆円に減少した場合
　成長率＝(475－500)／500 ＝－25／500 ＝－1／20 ＝－5％　A．成長率　－5％

このような計算によって、その国や地域の経済の成長の進度、いわば、経済のパフォーマンスを測ることができるわけです。

図4－3は過去20年の日本経済の成長率を計測したものです。このグラフでは、期間を通じてマイナス成長となっている年がたびたび出ていること、特にそれは2008年から2009年にかけて大きく落ち込んでいることが分かります。これは2008年9月に起きた「リーマン・ショック」を皮切りとする世界的な金融危機が日本にも大きく影響したことを反映しています。また、2010年には大きく回復したものの、その翌年の2011年には再び大幅に落ち込んでいます。これは様々な要因が挙げられますが、大きくは2011年3月11日に起きた「東日本大震災」による影響と考えられます。

ところで、GDPとその成長率についてはもう1つ、注意すべきことがあります。

これまでGDPの動きを見てきましたが、この値が増えたとしても、それは表面的に増えたように見えるだけで、実際には特定の商品の値段が急激に上がっただけで、経済活動そのものは活発になっていないかもしれません。言い換えますと、GDPなどの経済データの動きを見る場合には、それが本当に

経済活動の活性化の有無によったことで起きたのか、それとも単にモノの値段（物価）の動きによって起きただけなのかを判断する必要があるということです。

　この判断のために用いられる概念が「**名目**」（nominal）と「**実質**」（real）です。これらは簡単に言えば、その時々の物価の変動分を調整しているか否かを区別したもので、前者は物価の調整を行っていないもの、後者は物価の変動を取り除いたものを意味します。

　例えば物価上昇（インフレ）が起きている場合、他の条件に変化がなければ通常GDPは上昇しますが、この物価の上昇率と名目GDPの上昇率が同じであれば、実質GDPは変化しません。この反対、つまり物価下落（デフレ）が起きている場合も同様で、他の条件に変化がなければGDPは下落しますが、物価の下落率と名目GDPの下落率が同じであれば、実質GDPは変化しません。

　なお、物価変動によって増減した名目値を実質値に換算する指数を「**デフレーター**」と呼び、実質GDPは名目GDPをこの値（GDPデフレーター）で割って求められます。

実質GDP＝名目GDP／GDPデフレーター

　それでは、名目と実質の違いを踏まえた上で、GDPの動きを改めて見ていきましょう。図4－4は、先の成長率を名目値と実質値の両方で計算したものです。おおまかな傾向としては両者とも大きな違いはありませんが、それぞれの値についてはところどころで乖離していることが分かります。特に近年では名目値よりも実質値の方が大きい年がたびたびあります。これは、GDPが実質的には増えていても、物価の影響で名目的、つまり見た目的には増えていない（ように映っている）、ということを意味します。これはなぜかということですが、もうお分かりですね。それは物価が下がっているためで、このことによりGDPやその成長率がより低く評価されているわけです。

　なお、直近の2014年と2015年を見ると、1997年以来、久しぶりに名目値が実質値を上回っています。これは先の話の逆で、このころ政府の経済政策の影響もあって物価が上昇に転じており、そのことにより、見た目上のGDPやその成長率が高く出ているわけです。

　なお、これまで見てきたGDPは、日本だけでなく世界各国で同じように測られています。一つの国の経済状態をとらえる上で、GDPは欠かせない資料と考えられているためです。本節の最後に、主な国と日本の成長率を見比べてみましょう。

　図4－5は、海外各国を含めた経済成長率の推移（実質）を示したものです。戦後の高度経済成長期や1970年代から1980年代にかけての安定成長期においては、日本は世界のなかでも高い成長率を誇っていたのですが、バブル経済が崩壊した1990年代には一転して凋落し、00年代以降は下位に落ち込んでいる状況です。欧米勢も日本ほどではないにせよ、成長率はやはり低下気味です。他方で近年、高成長を持続し世界経済における地位を高めているのが新興諸国です。特に中国の成長は勢い著しく、90年代以降は一貫して5％以上の成長率を維持しています。またGDPの規模においては2010年に日本を抜いて世界2位となっており、2040年代には米国を抜いて世界で第1位になると予想されています。

第4章　国民所得の構成要素　　33

図4－4　GDP成長率の推移（名目、実質）

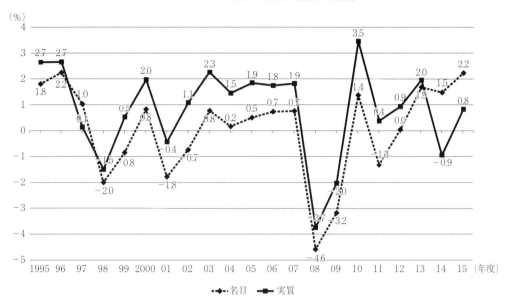

出所：内閣府『国民経済計算』より作成。

図4－5　世界の経済成長率（主要国）

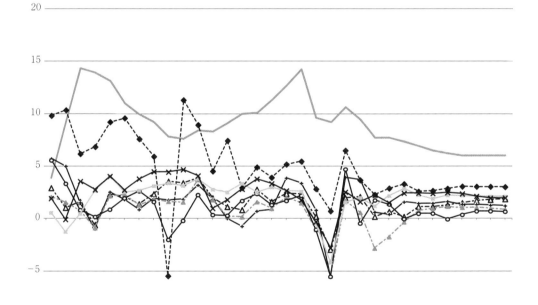

注：2015年以降はIMFの推計値。
出所：IMF, *World Economic Outlook Database April* 2016, より作成。

4−3　他の経済活動のとらえ方（国民所得、三面等価の原則）

　ここまで、一国の富の指標としてGDPに絞って話を進めてきましたが、国民経済計算には富を測る指標が他にもあります。ここで少し詳しく見ていきましょう。

　まず、ある経済における経済の規模を把握するにあたっては、「ある一定期間」でとらえる場合と「ある一時点（瞬間）」でとらえる場合の２つの方法に分かれます。前者、すなわち「ある一定期間に流動する経済量」のことを「**フロー**」と呼び、後者、すなわち「ある一時点に存在する経済量」のことを「**ストック**」と呼びます。一国の経済状態や企業の経営状況などを調べるにあたっては、その資料がこれらのいずれのものを捕捉したものなのか、注意する必要があります。なお、フローの視点で経済の動向をとらえる場合の期間は、通常、１年間や四半期（１年を４等分した期間）を区切りとして用います。

　国民経済計算において、フローの指標にあたるものは主に次のものがあります。

①GDP（国内総生産）：国内で一定期間に生産された財の総額
②GDI（国内総所得）：国内で一定期間に得られた所得の総計
③GDE（国内総支出）：国内で生産された付加価値に見合う一定期間の支出の合計

　そして、ストックの指標としては次のものがあります。

①GNS（国民総資産）：ある一時点における国全体の保有財産
②NW（国富）：GNSから国内金融資産を除いたもの

　ところで、これらの国民経済計算の諸指標を読む際には、以下の用語の区別に注意をする必要があります。

　第１に、「**総（粗）**」（gross）と「**純**」（net）です。これらは、固定資本減耗を控除するかしないかを区別する概念で、前者は資本減耗を控除せず、後者は控除します。固定資本減耗とはある期間の活動のために使用した（減耗した）財の価値で、この部分を含めた付加価値の総計がGDPです。ただ厳密に言えばこれは、当該期間に生み出された価値ではありません。そのため、ある期間における経済活動のうち純粋に新たな価値をどれだけ作り出したかを区別する場合には、後者の「純」概念のデータを使用します。

　第２に、「**国内**」（domestic）と「**国民**」（national）です。これらは「海外からの純所得」と呼ばれるものの有無を区別したもので、前者は海外所得を除いており、後者は加えています。なお、GDPはGross Domestic Productsの略称ですが、これに類似した概念にGNP（Gross National Products：国民総生産）があります。GDPが普及する以前はこのGNPを用いるのが一般的でした。

　では、この「海外からの純所得」とは何なのでしょうか。企業などの経済主体は国内だけでなく、海外で活動するものも少なくありません。例えば日本の場合だと、日本の国内だけでなく海外で活躍する企業がありますし、海外の企業が日本に来て活動を行う場合もあります。このように、海外にいる日本の経済主体が受け取った所得や、日本にいる海外の経済主体に支払った所得を差し引きしたものが、

第4章　国民所得の構成要素　35

図4－6　三面等価の原則（単位：兆円）

生産面		
産業		427,780.8
	第1次産業	5,666.0
	第2次産業	90,491.0
	第3次産業	331,623.8
政府サービス生産者		44,023.3
対家計民間非営利サービス生産者		11,046.5
小計		482,850.6
その他調整項目		4,577.4
統計上の不突合		−489.2
国内総生産		486,938.8

分配面	
雇用者報酬	251,425.6
営業余剰・混合所得	91,360.1
固定資本減耗	103,699.0
生産・輸入品に課される税	43,841.9
（控除）補助金	2,898.6
統計上の不突合	−489.2
国内総所得	486,938.8

支出面	
民間最終消費支出	295,392.0
政府最終消費支出	100,448.2
総固定資本形成	107,128.2
在庫品増加	−887.9
財貨・サービスの輸出	86,400.3
（控除）財貨・サービスの輸入	101,542.0
国内総支出	486,938.8

注：2014年の名目値。
　　第1次産業：農林水産業、第2次産業：鉱業、製造業、建設業、第3次産業：電気・ガス・水道業、卸売・小売業、金融・保険業、不動産業、運輸・通信業、サービス業
出所：内閣府『国民経済計算』より作成。

「海外からの純所得」と呼ばれるものです。

　以上のことを踏まえて考えますと、先の「国内」の概念は一国の中でいかなる活動が行われたのか、また「国民」はある国の国民がいかに活動したのかに焦点を当てたものであると言えます。

　そして第3に、「**生産**」（products）、「**所得**」（income）、「**支出**」（expenditure）です。「生産」は文字通り経済活動を通じて付加価値がどのように生産されたのかをとらえるのに対し、「所得」はその付加価値がどのように所得として分配されたのか、また「支出」はそれがどのように消費されたのかをとらえる視点となります。なお国民経済計算は、「生産・分配・支出」の3つの経済局面で国内総生産の大きさが一致するという「**三面等価の原則**」と呼ばれる考え方に基づいて作成されています。図4－6は2014年の日本経済における生産・分配・支出を示したものです。上記の原則どおり、総生産・総所得・総支出が一致していることを確認することができます。なお、GDPの基本式は、

$$Y＝C＋I＋G＋(X－M)$$

Ｙ：GDP、Ｃ：消費、Ｉ：投資、Ｇ：政府、Ｘ：輸出、Ｍ：輸入

と表されますが、これは上記の支出面から見たGDPの構成要素とほぼ一致します。

4－4　豊かさをめぐる課題（国民純福祉、国民幸福度など）

　これまで、国や地域の豊かさを貨幣単位、つまりお金で測る方法について学んできました。しかし冒頭でも触れましたように、豊かさをこうした金銭の動きだけでとらえることには限界があります。

　豊かさの指標（ものさし）としてのGDPの課題としては、それが金銭の受取りのみを表示しているということで、経済の「外部」は考慮されないということです。例えば、私たちの日々の営みである家事労働やボランティアは、通常は金銭の受取りが発生しませんが、暮らしにとって間違いなく有益で、欠かすことができません。こうした市場を通じない形で社会に有益な効果をもたらすものを「**外部経済**」

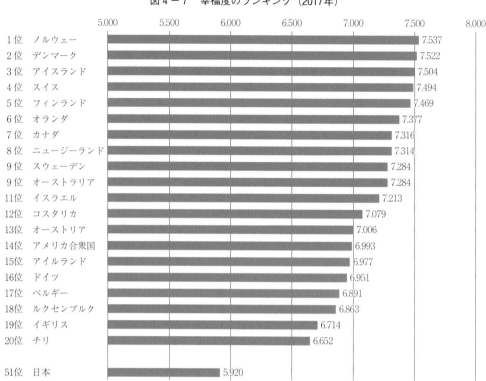

図4－7　幸福度のランキング（2017年）

出所：World Happiness Report 2017（http://worldhappiness.report/ed/2017/）より作成。

と呼びます。逆に、経済活動を通じて生じた環境汚染は、その内容に応じて対策や改善のための追加的な費用（例えば廃棄物の処理、公害感謝の医療など）を生じさせます。こうした市場の取引外で生じた負の効果を「**外部不経済**」とよびます。

また私たちの暮らしには、金銭で測れない「質的豊かさ」と言えるものがあります。例えば労働条件、居住環境、余暇などです。

以上のことを踏まえて豊かさについて考えていこうとすると、これらをとらえる金銭以外の指標が必要であることは明らかであると思います。近年は特にこうしたGDPに代わる指標に対する専門家の関心が高く、数多くの指標が開発されています。より活発な議論が求められるところですが、従来からある有力な代替指標としては、国民純福祉、国民幸福度、人間開発指数などがあります。

これらのうち国民純福祉（NNW：Net National Welfare）は、環境破壊による影響を正しく反映しないといった欠陥をもつGNPを補完するために作成された経済福祉指標です。このNNWは、NDP（国内純生産）のうち投資を除いた3項目（政府支出、個人消費、政府資本財サービス）から、家庭生活の福祉達成に直接関係しない、いわば手段であるような支出を取り除き、6つの項目（耐久消費財サービス、余暇時間、市場外活動（主婦の家事活動）、環境維持経費、環境汚染、都市化に伴う損失）をプラスまたはマイナスしたものです。かつては日本においても、経済企画庁（現在の内閣府）が毎年試算を発表していました。

また国際連合は、独自の方法で世界各国の幸福度の調査を実施しており、それを「世界幸福度報告」としてまとめています。ここでの「幸福度」（Happiness score）とは、1人あたりGDPや社会的支

援（Social support）、健康寿命（Healthy life expectancy）といった6つの項目をもとに計測された値です。図4－7は、そのスコアの上位国と日本を比較したものです。この図によりますと、日本は経済的には豊かな国であるにもかかわらず、国民自身が幸福を感じることができる社会的な環境については、相対的に低い水準に留まっている（ランキングで51位）と、とらえることができます。人々が自身の能力を存分に発揮しながら、なおかつ、暮らしや仕事に幸せや喜びを感じることができるような社会をどのようにして作っていけばよいか、みなで考えていく必要があります。

参考文献案内

・福田慎一・照山博司（2016）『マクロ経済学・入門　第5版』有斐閣
・暉峻淑子（1989）『豊かさとは何か』岩波書店

演習問題

・GDPとGNPは、どのような違いがあるのでしょうか。説明してみよう。

・ある年の日本のGDPが500兆円でした。その翌年のGDPが515兆円になったとすると、経済成長率は何%になるでしょうか。計算してみよう。

・ある国や地域の豊かさを測る際には、どのような事柄に注意をする必要がありますか。

第5章　景気循環とその特徴

5-1　景気のとらえ方・考え方

5-1-1　「景気」とは何か

　あなたは家やアルバイト先などで、「あそこの店は最近景気がいいね」とか「最近は景気が悪くてやってられません」といった会話を耳にしたことはありませんか。経済という分野を特別学んだことがない人でも、この「景気」という単語そのものを知らないという人はいないと思います。アルバイトなどで働いている人やその経験がある人なら、職場の忙しさといった仕事上の変化や、お店のそれぞれの商品の売れ行き具合やお客さんの感想など消費者の動きの変化から景気を感じたことがある人も多いことでしょう。それほど、この「景気」は私たちの日常生活に密接にかかわっているものなのですが、それがどのようなものかということになると、具体的に説明できる人は決して多くないものです。

　では、普段なにげなく使っている「景気が良い／悪い」とはどのような状態を指すのかについて考えていきましょう。日常的に使う「景気が良い」状態とは「モノやサービスが売れている」、またはそれに伴って「もうけが出ている」ような状況のことと考えられますが、これは経済学的に言えば、家計などがその財やサービスを入手（購買）しようとする需要量が増加することによって、企業などが提供（販売）する財やサービスの供給量が増加する状態のことを指します。他方で、「景気が悪い」状態とはこの逆で、需要量の減少によって供給量が減少する状態であると言えます。

　このような需要と供給の動きを基礎として、景気の動きには一定の法則性があるものと考えられています。なかでも、この景気が持つとされる循環的な性質やその運動のことを**景気循環**と呼びます。例えば経済成長率などの経済データを見ると、経済の好不調の方向はずっと永続的に続くようなもので

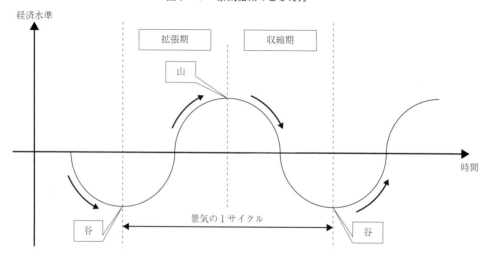

図5-1　景気循環のとらえ方

はなく、むしろ周期的に変化していることを読み取ることができます。このように、好況から不況、そしてまた好況へ……と、波を打つような同じ運動の繰り返しが見られる場合に、その動きのことを景気循環と呼ぶわけです（図5－1）。なお、景気の状態に関しては、「好景気・不景気」「好況・不況」「景気拡張（期）・収縮（期）」など、複数の表現の仕方があることにも注意してください。

次の図5－2と表5－1は日本経済の景気動向を示すものです。上のグラフが前章でも見たGDP成長率の推移、下の表が景気循環の区分です。グラフを見て分かることは、戦後の高度経済成長期にあた

図5－2　戦後日本の経済成長率の推移

出所：内閣府『平成28年度 年次経済財政報告』より作成。

表5－1　戦後日本の景気循環

	谷	山	谷	景気の名称（通称） 拡張期	景気の名称（通称） 後退期	期間（ヶ月） 拡張	期間（ヶ月） 後退	期間（ヶ月） 全循環
第1循環		1951年6月	1951年10月	朝鮮特需	反動不況		4	4
第2循環	1951年10月	1954年1月	1954年11月	投資景気	昭和29年不況	27	10	37
第3循環	1954年11月	1957年6月	1958年6月	神武景気	なべ底不況	31	12	43
第4循環	1958年6月	1961年12月	1962年10月	岩戸景気	昭和37年不況	42	10	52
第5循環	1962年10月	1964年10月	1965年10月	オリンピック景気	証券不況	24	12	36
第6循環	1965年10月	1970年7月	1971年12月	いざなぎ景気	ニクソンショック	57	17	74
第7循環	1971年12月	1973年11月	1975年3月	列島改造ブーム	第1次石油危機	23	16	39
第8循環	1975年3月	1977年1月	1977年10月	安定成長景気	円高不況	22	9	31
第9循環	1977年10月	1980年2月	1983年2月	公共投資景気	第2次石油危機	28	36	64
第10循環	1983年2月	1985年6月	1986年11月	ハイテク景気	円高不況	28	17	45
第11循環	1986年11月	1991年2月	1993年10月	バブル景気	第1次平成不況	51	32	83
第12循環	1993年10月	1997年5月	1999年1月	カンフル景気	第2次平成不況	43	20	63
第13循環	1999年1月	2000年11月	2002年1月	ITバブル	IT不況	22	14	36
第14循環	2002年1月	2008年2月	2009年3月	いざなみ景気	リーマンショック	73	13	86
第15循環	2009年3月	2012年3月	2012年11月	デジャブ景気	欧州危機	36	8	44
第2～第6循環平均	－	－	－	－	－	36.2	12.2	48.4
第7～第13循環平均	－	－	－	－	－	31.0	20.6	51.6
第14～第15循環平均	－	－	－	－	－	54.5	10.5	65.0
全循環平均	－	－	－	－	－	36.2	16.1	52.4

出所：内閣府「景気基準日付」より作成。

40   現代日本経済演習

る1960年代やそれ以前の50年代の成長率が高く、それ以降は総じて低い水準で推移しているということです。また表からは、高度成長期やその前後は拡張期が長く後退期が短くなっていますが、後になるにつれてその差があまりなくなっていく傾向を見てとることができます。

　もちろん、ここでの景気の評価はGDPという1つのデータによっているだけですので、この指標では好景気と判断されていたとしても、その中で国民生活が向上しているか否かはまた別の話になります。景気の上がり下がりだけでなく、中身が重要だということになります。

5−1−2　景気をとらえることの意義

　さて以上が景気の大まかな意味ですが、そもそも、この景気をとらえるということにはどのような意味があるのでしょうか。まず会社やお店の経営者の場合、その業界や経済全体における大きな流れを見極めたり予想したりすることができれば、より確実性の高い販売戦略をとることができるなど、ビジネスが成功する可能性が広がります。例えば商品の生産者であれば、景気が良くなりそうな時期にはあらかじめ製造量を増やし、悪くなりそうな時は減らすように計画を立てることもできます。ただやみくもに商品を作り続けるよりも、そのほうがはるかに効率良く製造・販売することができるでしょう。

　政府にとってはどうでしょうか。政府は自らの政策によって国民経済の安定と成長に資する役割を果たすことが求められますが、景気の動向は政府の政策判断にとって極めて重要です。詳しい説明は第10章（財政）に譲りますが、景気が悪い時は税金の税率を下げて消費を促したり、または公的事業などの財政支出を増やして雇用の増加を図ったりして景気の下支えをします。逆に景気が良い時は税金を上げたり支出を減らしたりして不景気や社会の変化など将来に備えます。

　では、これから間もなく景気が悪化するとわかっているとしたら、あなたはどのように行動しますか？　景気が良い時は財布の紐を緩め、逆に悪い時は紐を引き締める？　そうですね、それも良いかもしれませんが、他にも色々ありそうです。ご自身でも考えてみてください。

5−1−3　景気の法則性についての諸学説

　景気の動きは何によって生まれるのでしょうか。この疑問に対して先人たちは色々な考えを持ち、また議論を重ねてきました。そのなかで生み出された様々な知見は、私たちの経済社会のいま、そしてこれからを見極める上で、非常に有益な判断材料を与えてくれます。ここではその入り口として、景気の法則性についての代表的な考え方（学説）について触れます。

　景気の波のとらえ方としては、主に次の4つの説が有力です。第1に「**キチン波**」です。米国の学者キチンとクラムが1923年に発表したもので、彼らは景気循環が在庫の増減によって起きると考えました。「在庫循環」または「短期循環」とも呼ばれ、循環の周期は3〜4年とされます。

　第2に「**ジュグラー波**」です。フランスの学者ジュグラーが1860年に発表したもので、設備投資の増減（または機械設備の耐用年数の長短）が景気循環の要因であると主張しました。「設備投資循環」または「中期循環」とも呼ばれ、循環の周期は8〜10年とされます。

　第3のものが「**クズネッツ波**」です。米国の学者クズネッツが1930年に発表したもので、景気循環は建設・建替の増減によって起きると考えられました。「住宅投資循環」または「準長期循環」とも呼ば

れ、20〜25年の周期を持つとされます。

　そして第4が「**コンドラチェフ波**」です。これはロシアの学者コンドラチェフが1925年に発表したもので、技術革新の実現や金産出、戦争などによって起きるとしています。「技術革新循環」または「長期循環」とも呼ばれ、40〜60年の周期を持つとされます。

　もちろん現実の景気は、これらのいずれか1つだけがきれいに現れるような単純なものではなく、様々な要素が絡まり合った複雑な動きを示します。以上の学説はそれぞれ学問的に支持される説得力をもった議論ですが、実際の景気はこれらの合成物と考えた方がより現実的だと言えます。

5-2　景気の判断指標

5-2-1　国民経済計算

　次に、景気を判断するための指標について、具体的に見ていきます。

　前章でも確認したように、GDPや経済成長率は景気の判断指標として代表的な資料となります。これらの元となるのが内閣府作成の国民経済計算です。当資料は、経済活動の動向に関する総合的な統計データとして信頼性は高いのですが、あくまで事後的指標であることに注意が必要です。

5-2-2　景気動向指数（DI：ディフュージョン・インデックス）

　これは内閣府が定期的に作成する、景気の変動に敏感に反応する指標を集めて指数化し、それらを合成した資料です。様々な指標を元に「DI」と呼ばれる数値を計算し、その数値が基準値（0または50を基準とする場合が多い）を上回れば好況、下回れば不況と判断されます。なお、この指標の元になるデータは全体の景気の動きとの関連で、景気の動向に先行した動きをとらえる「先行指標」、ほぼ同様の動きを示す「一致指標」、景気の動きに遅れて動く「遅行指標」に分けられます。具体的にはそれぞれ以下のようなものがあります。

　①「先行指標」：機械受注、消費者態度指数、株価指数など

　②「一致指標」：生産指数、稼働率指数、商品販売額指数、有効求人倍率など

　③「遅行指標」：家計消費支出、法人税収入、完全失業率など

5-2-3　全国企業短期経済観測調査（日銀短観）

　日本銀行が民間の企業を対象に、年4回実施するアンケート調査を集計したものです。このアンケートは、全国の資本金2,000万円以上の民間企業約21万社のうち約1万社を抽出して行われます。また、これとともに作成される資料として「業況判断DI」と呼ばれるものがあり、こちらは上記の調査にある業況判断を問う質問に対し「良い」と回答した企業の比率（％）から「悪い」と回答した企業の比率を差し引いて求められます。

　なお、短観の調査項目には以下のものがあります。

　①企業としての判断を問う項目（業況、需給、在庫、価格、設備稼働率など）

　②企業経営の状況や見通し、計画などの数値を問う項目（売り上げ、収益、設備投資、手元資金など）

図5－3　日銀業況判断DIの推移

製 造 業

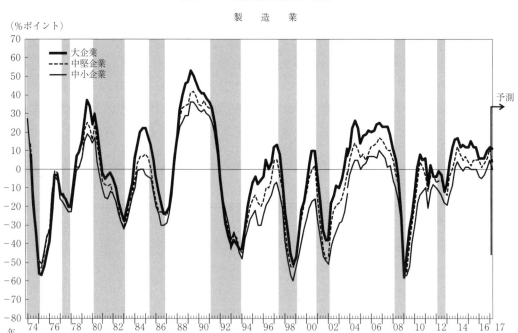

非 製 造 業

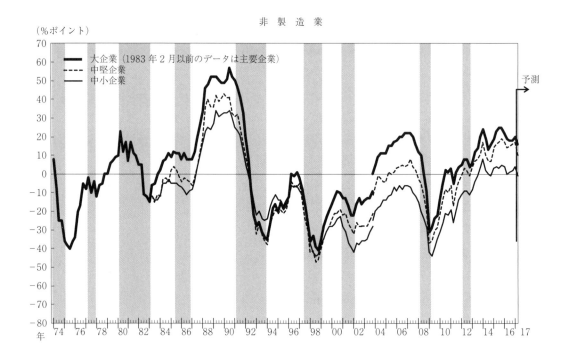

注：グラフのシャドー部分は景気後退期を表す。
出所：日本銀行HP（http://www.boj.or.jp/statistics/tk/index.htm/）

図5-3は日銀の業況判断DIの推移をグラフにしたものです。影になっている部分は不況期を表しています。このグラフでは0を境に「良い」と「悪い」に分かれますが、1990年代以降は0より下になる部分、つまり「悪い」とする判断が多くなっていることが分かります。また、2003年から07年、および直近の13年から16年では「良い」とする評価が出ていますが、いずれもそれ以前の落ち込みに比べれば力強さがないことを読み取ることができます。加えて、このグラフでは大企業と中堅・中小企業に分けてグラフが描かれていますが、大企業以外の企業はおおむね大企業よりも低い評価で推移しています。近年もその傾向は続いており、大企業が好況だと感じているような場面でも、中堅・中小企業はそれほどとは感じていない様子が伺えます。

5-2-4　その他の関連資料

　まず企業の経済活動や産業の動向をとらえる代表的な資料としては、財務省が作成する『法人企業統計』や経済産業省の『工業統計調査』、『経済センサス』などが挙げられます。これらのほかに、雇用や賃金の実態に関する資料として総務省の『労働力調査』や厚生労働省の『賃金構造基本統計調査』が、また家計の動向や意識に関する資料として総務省の『家計調査』などがあります。

　また、こうした政府による統計以外に、民間で作成されている資料も数多くあります。例えば図5-4は四輪自動車の生産台数と輸出台数の動きを示した資料ですが、自動車の生産台数・輸出台数はともにともに2000年代初頭の景気拡張期に増加し、2008年以降大きく落ち込んでいます。さきほどのマクロ的な景気の動きとどのように関係しているか、ご自身で検討してみてください。なお、主要な商品に関する生産や販売のデータについては各産業の業界団体などが取りまとめ、その一部はWebなどで公表されています。

　これらはほんの一例で、情報化が著しく進んだ現在、景気を判断するための指標（データ）は世の中には、それこそ無数とも言えるほどあります。ご自身でも興味のあるものを探してみてください。

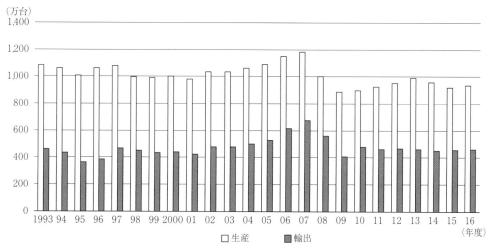

図5-4　四輪自動車の生産台数と輸出台数の推移

出所：日本自動車工業会HP（http://www.jama.or.jp）より作成。

44 現代日本経済演習

5-3 景気循環の要因

5-3-1 内的要因（内部（国内）の経済活動により生まれる力）

　ここで改めて、景気循環をもたらす要因について考えていきましょう。

　まず、国や地域の経済の内部における景気循環の要因、いわば市場経済そのものから生じる要因について考えます。市場経済を動かす中心的な主体は企業ですが、この企業の最も基本的な行動原理は「利潤の獲得」であると言えます。そしてこの利潤をめぐって、企業はそれぞれの市場において競争を行います。例えば製品を生産するメーカーの場合、従来よりも儲かるような製品を、他社よりも多く生産する、といった具合です。

　景気循環の基本的な流れは次のように図式化することができます。

＜景気循環の基本的な流れ＞

①商品の品質向上や価格下落などにより、当該商品の需要が増大（需要＞供給）

　←好況過程

②商品の需要が高くなると、市場の参加者が増え、供給量も増大

③市場参加者の増加により競争が強まり、需要以上に供給が増加（需要＜供給）

　＝「過剰生産」

④市場に売れないものがあふれる＝企業の経営不振・倒産　　　　　←不況過程

⑤不況過程を通じて供給量が減少（やがて需要量に一致）　　　　　←調整過程

⑥需要量が増え始める状況になると、企業の供給量も徐々に増える　←回復過程

　この流れについて、前節で見たクズネッツ波を例にとりますと、住宅価格の下落を契機に住宅の需要が増大する段階が上記の①で、その状況を見て住宅の建設や販売を担う業者（建設業者や不動産業者）が増加するのが②の段階と言えます。そして市場への参加者が増加することによって顧客を獲得するための競争も激しくなり、需用量を超えた供給量の増加も生じてきます。上記では③にあたる段階で、景気の山とも言えます。やがてこの景気の山を越えますと、不況過程を迎えます（上記の④・⑤）。現実的にはこの時点でリストラと呼ばれる人員整理や事業の再編などが頻発します。やがてこの調整が落ち着きますと、再び需要が増える（上の例では住宅の購入者が増加する）ことになり、この市場の動きに対応して企業の側も供給量を増やす過程（回復過程）になります。

　次に需要と供給に注目すると、景気上昇の歯止めになるもの、つまり不況が発生する基本要因については次の2つのものが挙げられます。1つは景気の過熱に伴う供給過剰で、上記のような市場参加者が増加した場合に加え、供給者（企業）が将来の需要を過大に予測し、商品をより多く生産するために過剰に設備投資した場合なども考えられます。もう1つは供給能力の限界による需要の減退で、例えば原材料のコストが上がったことに伴い商品価格も上昇する事態などが挙げられます。価格が上がったことで需要が減退すれば、需要が供給を下回り、これも供給過剰につながるわけです。

　このような需要と供給の不一致に対して、市場はどのように対応するのでしょうか。これも大きくは

２つの方法が挙げられます。１つ目は価格調整で、商品価格を増減することによって需要を調整するものです。一般に、商品の値段が上がれば需要は減り、下がれば需要は増えるわけですから、商品の量が余り気味の時は値段を下げて売れ残りを防ぎ、逆に不足気味の時は値段を上げて在庫切れを避け、利益を増やすようにするわけです。２つ目は数量調整で、商品の供給量を増減することによって需給の一致を図るものです。こちらは価格調整よりも単純で、売れ行きが伸びない時は商品の量を減らし、逆の時は逆ということになります。

以上の方法が代表的なものになりますが、実際には供給と需要が一致しない場合、価格によって需給が調整されることは稀だと言えます。なぜなら上記の価格調整による場合は、需給が一致するように売れるかどうかは需要する側＝消費者に委ねられることになりますが、価格の操作によって企業の思惑通りに需要が増減するかどうかは、消費者の行動次第で分からないためです。

例えば価格を下げた場合、そのことでむしろ消費者がその商品に対して魅力を感じなくなり、購買意欲を失うということも考えられます。また需要が多いからといってすぐに商品の値段を上げるような行動をとると、消費者の支持を失い、かえって将来の需要を失うことになるかもしれません。このように考えると、企業側にとっては消費者を刺激しやすい価格の操作を行うよりも、自分たち企業が主導で結果も予測しやすい数量調整の方が選びやすい、ということになります。

最後に、景気循環は、政府や中央銀行などを主体として実施される経済政策、特に金融政策や財政政策によって大きな影響を受けます。この点について詳しくは、第９章と第10章をご覧ください。

5－3－2　外的要因（外部（海外）から働く力）

以上の内的な要因に加え、国や地域の景気には外部からの力も影響します。ここでは一国経済の外部ということで、海外諸国からの影響について見ていきます。

第１に、海外経済の好況や不況です。ある２つの国があるとして、お互いが貿易を通じて自分の国で作った商品を売買しているとしましょう。この場合、どちらか片方の国が不況になると、もう片方の国は自分の商品が相手の国で売れなくなりますので、同じく不況になります。逆ならば逆ということで、片方が好況になるとそれにつられてもう片方の国も好況になります。もちろん現実はこれほど単純ではありませんが、グローバルに発展した現代経済においては、遠く離れた地域の景気が自国の景気に影響を与えるという傾向はますます強くなっていると言えます。

第２に、海外における生産品の大きな価格変化や生産制限です。例として原油を挙げると、日本は原油をほとんど他国からの輸入で賄っていますが、この価格が変動すると、それだけで国内の様々な活動に影響を与えます。最近でも原油価格の乱高下が起きていますが、原油価格が上がるとガソリンの値段や石油を原料とした化学製品の値段も上がり、企業の活動だけでなく家計にも大きな負担になります。逆ならば逆で、家計にとっては楽になりますね。

第３に、海外との経済関係の変化です。典型的なのは為替相場の変化で、日本の場合は円高になるか円安になるかが盛んに話題になります。円高になると、円の購買力が高くなるということで輸入品が買いやすくなりますが、逆に海外の購買力が低くなるということでもありますので輸出品が売れにくくなります。つまり国内の輸入品を多く使う産業（例えば外食業など）には有利ですが、商品を国内で生産し

て海外で売る輸出企業にとっては不利だということになります。これも逆の場合は逆で、円安は一般に輸出企業にとって有利で、輸入企業にとって不利になります。これ以外にも、関税や輸出入に関する規定をめぐる変化や、近年のTPP（環太平洋経済連携協定）に見られるような多国間での貿易の枠組みづくりなども、中長期的に、国内経済に大きな影響を与える要因になります。

　第4に、海外での戦争の開始や休止です。例えばある国で戦争が開始された場合、当該国自体が戦場になっているような場合では、2国間の経済的交流は極めて制限されるか、場合によっては完全に遮断されます。これが当該国だけでなく広範囲に及ぶとさらに影響は深刻になり、国内経済の基幹部分を占める輸入品を手に入れることができなくなり、活動が麻痺してしまう恐れもあります。日本の場合に典型的なものはエネルギー資源になりますが、食料など他の資源でも深刻度合いに差はありません。こうした事態が与える影響は景気に限られるものではありませんが、特に他国との輸出入を基軸とする産業や企業にとっては、死活的な打撃となる場合も少なくありません。また、これらのことは日本に限った話ではなく、グローバル化した世界では他の国々でも同様です。だからこそ、戦争や紛争をなくしていく努力は、世界の経済の発展にとっても極めて重要であると言えます。

参考文献案内
・嶋中雄二・三菱UFJ証券景気循環研究所（2009）『先読み！景気循環入門』日本経済新聞出版社
・山家悠紀夫（2005）『景気とは何だろうか』岩波書店

演習問題

・現在の日本の景気には、どのような特徴があると言えますか。
・経済成長率を上昇させるためには、どのような方法がありますか。
・世界の動きと日本の景気との関係については、どのように考えることができますか。

第6章　産業構造とポスト工業化社会

6-1　人々の暮らしと産業

　私たちの暮らしは、様々な人の仕事で支えられています。例えば、けさ起きてからここまで、あなたは何をしましたか？　顔を洗ったり朝食を食べたりといったところでしょうか。そこからあなたが学生であれば、移動のために電車やバス、あるいは車に乗ったでしょう。学校に行くと、学生や教師がいて、また施設を管理する職員や、食堂で働く従業員の方々がいるはずです。このように私たちの日常は、まさに他の人の仕事によって支えられているわけですが、こうした1つのモノやサービスを提供する活動のまとまりが「**産業**」です。いまの例で言えば、顔を洗うための水を管理しているのは水道業、朝食の材料を作っているのは食料品産業、移動手段を担うのは運輸業（鉄道輸送業、自動車輸送業）、そして学校を運営しているのは教育業、ということになります。このような観点から考えると、産業について学ぶことは、私たちが暮らす社会（例えば日本）がどのような仕事で形づくられていて、またどのように変化しているのかを理解することにつながると言えます。

　さて、産業を改めて定義づけますと、経済学的には、産業とは「生活に必要な物的財貨および用役を生産する活動」と表現されます。物的財貨を「モノ」、用益を「サービス」と置き換えれば、先の定義とほぼ同じ意味であると理解することができます。では、世の中にはどのような産業が存在するのでしょうか。ここで日本の産業分類（表6-1）を元に簡単に見ていきましょう。コーリン・クラークによる古典的な産業分類によりますと、現代経済における産業は大きく第1次産業、第2次産業、第3次産業に大きく分かれます。表6-1の産業分類では、第1次産業は「農業、林業」および「漁業」が該当します。次の第2次産業はものづくりの産業のイメージが広く一般にありますが、正確には表ではCからE、すなわち「鉱業、採石業、砂利採取業」と「建設業」、そして「製造業」がこれにあたります。最後に第3次産業は残りのものということになりますが、表ではFからTまでが含まれます。なお、クラークは「鉱業」を第1次産業、「電気・ガス・水道業」を第2次産業と分類していますが、日本標準産業分類では前者は第2次産業、後者は第3次産業に分類しているといった違いがある点に注意が必要です。

　次に、一国における各産業の生産要素（資本と土地、労働）の配分状況や生産額の構成を示すものが「**産業構造**」です。この産業構造は、特に技術革新を通じて変化すると考えられます。簡単に言いますと、技術の革新によって生産性と収益性の向上をもたらすことで、生産要素の移動につながるわけです。このように、一国の経済発展につれて就業構造や所得構造の比重が第1次産業からより高次の産業へと移動する、という法則を「**ペティ＝クラークの法則**」と呼びます。例えば図6-1に見られますように、日本の就業構造の場合、第2次大戦直後の復興期においては農林水産業が就業者の割合が就業者全体の約50%を占めていましたが、その後、高度経済成長を通じて農林水産業はその割合を大きく低下させ、

製造業をはじめとした第2次産業やサービス産業である第3次産業の割合が上昇しています。また、高度成長が一段落する1970年代以降になりますと、農林水産業とともに製造業など第2次産業も割合を低めていく一方で、サービス産業がより比率を増していきます。このような産業構造におけるサービス産業の比重の増加を「**経済のサービス化**」と呼びます。こうしたサービス産業の比率の上昇は高度成長期から見られていましたが、70年代以降はそれがより鮮明になっていきます。

表6－1　世の中には数多くの産業がある

日本標準産業分類（2013年改定）

分類コード	項目名	中分類	小分類	細分類
A	農業、林業	2	11	33
B	漁業	2	6	21
C	鉱業、採石業、砂利採取業	1	7	32
D	建設業	3	23	55
E	製造業	24	177	595
F	電気・ガス・熱供給・水道業	4	10	17
G	情報通信業	5	20	45
H	運輸業、郵便業	8	33	62
I	卸売業、小売業	12	61	202
J	金融業、保険業	6	24	72
K	不動産業、物品賃貸業	3	15	28
L	学術研究、専門・技術サービス業	4	23	42
M	宿泊業、飲食サービス業	3	17	29
N	生活関連サービス業、娯楽業	3	23	69
O	教育、学習支援業	2	16	35
P	医療、福祉	3	18	41
Q	複合サービス事業	2	6	10
R	サービス業（他に分類されないもの）	9	34	66
S	公務（他に分類されるものを除く）	2	5	5
T	分類不能の産業	1	1	1
（計）20		99	530	1,460

出所：総務省統計局「日本標準産業分類の一般原則」より作成。

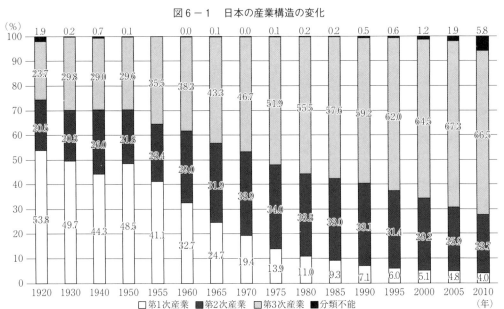

図6－1　日本の産業構造の変化

出所：総務省『国勢調査』より作成。

第 6 章 産業構造とポスト工業化社会 49

6-2 戦後日本産業の変遷

6-2-1 戦後復興期

　産業構造の変化は、技術の進展と密接に結びついています。ここでは、戦後の日本経済における技術発展の歴史と産業の変化について確認していきます。

　戦後（1945年）から1950年代半ばまでは、戦後復興期と位置づけることができます。この時期は、戦前水準への経済復興の実現を目指した時代であると言えます。

　敗戦後の日本は、爆撃等の直接的被害や戦時下における軍事優先の産業政策の影響などにより、経済発展はおろか、明日の生活もままならない、極めて困難な状況にありました。特に大きな被害を受けた都市部では、家を失った者はバラックを建てて雨風をしのぎ、食料を遠く離れた農地などから調達し、また闇市で商いを行って生計を立てる、といった状況が長らく続きました。なお、先述の図 6 - 1 でも示されていますように、戦後から1950年代の日本の産業構造は、都市部の復旧に時間を要した影響もあり、第 1 次産業の比重が高くなっています。

　こうした状況の中、当時の政府は特定の産業（当時は鉱業および鉄鋼業）に重点的に資金を配分することで経済発展の実現を目指す「**傾斜生産方式**」を採用し、この政策を軸として、戦争による壊滅的な被害により著しく低下した生産能力の回復と拡大を推し進めていきます。また、技術提携が各産業で進められたことや、リバース・エンジニアリング（先端的な機械を輸入して、それを分解して新技術の内容を習得しようとするもの）が行われたことなどにより、先進工業国の技術が日本の産業に浸透し、その後の開発力の向上に結びついていきます。そしてこうした技術発展ともに、日本経済における第 2 次産業のウェイトが、徐々に高まっていくことになります。

6-2-2 高度経済成長期

　戦後復興が1950年代半ばごろに一段落しますと、そこから日本経済は高度経済成長を実現していきます。

　まず1950年代中盤から60年代半ばまでは高度成長の前半期で、重化学工業化と技術革新の時代ととらえることができます。この時期には、生産能力が戦前水準にまで回復した1950年代後半から60年代にかけて、「**臨海型コンビナート**」が全国各地で形成されていきます（図 6 - 2）。こうした産業基盤の整備をもとに石油精製業や鉄鋼業、電力業など成長主導産業が勃興し、高度経済成長の土台が形作られていくとともに、石油化学や鉄鋼の分野を中心に新技術の導入がさらに進み、日本経済の重化学工業路線が定着していきました。表 6 - 2 の資料によりますと、1950年から1970年の間に就業者数は約2.7倍、製品出荷額は約29.1倍といずれも大幅に増加しており、この時期に製造業が急速に成長していることが確認できます。中でも比重を高めているのは機械関係の分野で、それぞれ製造業の中でも比重を増しています。次の表 6 - 3 は高度成長期の設備投資の状況を示したものですが、電力、機械、鉄鋼、化学の分野が特に比重を占めており、これらの産業が日本経済の成長を牽引していたものと見てとれます。

　こうした技術的な発展を背景に、1950年代には当時の大衆の豊かな生活の象徴となった「**三種の神器**」（白黒テレビ、冷蔵庫、洗濯機）をはじめとして、家電製品が大衆社会に広く浸透していきました。特

図6-2 日本の工業地帯

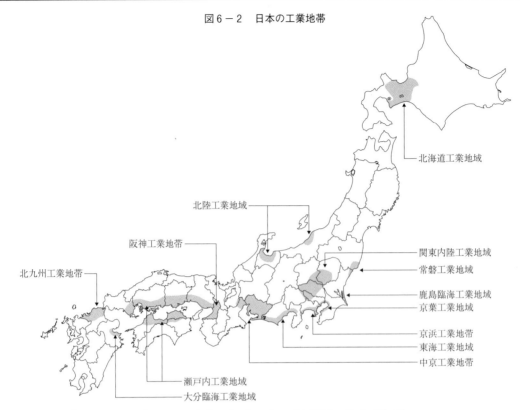

出所：Webサイト「Hello School」(http://www.hello-school.net/harochiri020.html)（一部加工）

表6-2 高度成長期における生産構造の変化（製造業）

	業種別	就業者数 1950年	就業者数 1970年	製品出荷額 1950年	製品出荷額 1970年
1	鉄鋼	7.3	4.7	13.0	9.5
2	非鉄金属		1.9		4.4
3	金属製品	4.0	7.2	3.0	5.4
	（1～3 小計）	11.3	13.8	16.0	19.3
4	一般機械器具	8.0	10.1	4.8	9.9
5	電気機械器具	3.9	11.5	3.2	10.6
6	輸送用機械器具	6.5	7.5	5.1	10.5
7	精密機械器具	1.2	2.1	0.8	1.3
	（4～7 小計）	19.6	31.2	13.9	32.3
8	化学	7.9	4.2	12.9	8.0
9	石油・石炭・ゴム製品・パルプ・紙・紙加工品	5.6	4.7	7.2	7.0
	（8～9 小計）	13.5	8.9	20.1	15.0
	（1～9 小計）	44.4	53.9	50.0	66.6
10	窯業・土石	5.1	4.9	3.3	3.6
11	繊維・衣服	23.6	14.4	23.2	7.7
12	木材・木製品・家具・装飾品	9.7	7.2	4.7	4.7
13	食料品	10.7	9.8	13.4	10.4
14	出版・印刷	3.6	4.0	3.2	2.9
15	その他	3.4	5.8	2.2	4.1
	（10～15 小計）	56.1	46.1	50.0	33.4
	1～15 合計	100.0	100.0	100.0	100.0
	実数	4,261	11,680	2,372	69,035
	（単位）	1,000人		10億円	

出所：経済産業省『工業統計表』より作成。

にCMを通じた視覚的な商品の宣伝を可能にした白黒テレビと、食品や飲料の保蔵を可能にする冷蔵庫は、ともに大衆の消費欲をかき立てることに貢献しました。また洗濯機に代表される家電製品の普及は、家庭における家事の負担を大幅に減らすことにもつながりました。このことから、当時の家電製品は、女性の社会進出にも大きく寄与したと評価することができます。

その後の1960年代半ばから1970年代初頭までは高度成長の後半期です。この時期に日本は当時としては戦後最長の「いざなぎ景気」を迎え、経済大国としての地位を急速に築き上げていきます。同時期には、日本企業の国際競争力が強まり、輸出が大幅に伸びるようになっていきました。このことから、日本経済は本格的な輸出拡張型の経済に移行したものと評価することができます。また、カラーテレビ、クーラー、自動車を指す「3C」といった製品を中心に耐久消費財ブームが起こり、国民生活にもさらなる変化をもたらしていきました。

表6-3　高度成長期の設備投資の構成

(1956〜69年度)

業　種	金額（億円）	構成比（％）
電　力	46,398	21.6
機　械	41,274	19.2
鉄　鋼	32,144	15.0
化　学	29,776	13.9
石　油	14,973	7.0
繊　維	12,393	5.8
窯　業	7,892	3.7
紙・パルプ	6,777	3.2
非鉄金属	6,266	2.9
都市ガス	4,895	2.3
石　炭	4,217	2.0
鉱　業	3,512	1.6
卸売・小売	3,163	1.5
その他	214,836	100.0
計	214,836	100

注：支払ベースの14年間の累計値。
出所：通産省「民間設備投資の中期展開」

6-2-3　安定成長期

長らく続いた高度経済成長は1970年代初頭には終焉を迎え、日本経済は安定成長の軌道に移っていきます。この時期の日本社会は、1970年代の2度にわたる石油ショック（1973年と1979年）と世界不況を背景に、産業界でも「省エネ」やコスト削減が強く志向されるようになります。また、先の高度成長期に進展した公害問題の深刻化（特に四大公害訴訟）などを通じて、市民レベルで環境意識が高まっていきます。

このような状況に対する各産業の技術的対応としては、主に次の2点を挙げることができます。

第1に、省エネルギー技術や石油代替エネルギー技術の開発・普及です。これは主に素材型産業を中心に発展していきます。石油化学工業などの素材産業は生産設備に莫大な費用がかかるため、需要構造の変化にも対応するのが困難になっていました。戦前から常に日本産業界のリーダーであった鉄鋼業も、産業構造の変化のなかで衰退産業になっていきます。当該産業の企業は事業体質の改善を進めるうえで、高コスト構造からの脱却と、新事業の開発・展開を同時に進める必要に迫られていました。そこで採用されたのが省エネルギー技術の開発であったわけです。こうした動きは、素材産業だけでなく製造業を中心に日本経済全体に広がり、例えば石油にあまり依存しない自動車の開発など、そのうちの多くが今日の環境保全技術の基礎になっています。

第2に、新技術の導入を通じた賃金コストの削減です。これは主に加工組立型の産業を中心に進展していきました。具体的には、ロボットやNC（Numerical Control：数値制御）工作機械の導入などを通じて、FA革命と呼ばれる技術革新が各分野に広がっていきます。ここでFAとはFactory Automationの略で、簡単に言えば、生産工程のオートメーション化といった意味になります。また、新たな製品を生

み出す技術革新をプロダクト・イノベーション、製造工程上の技術革新をプロセス・イノベーションと呼びます。なお、この時期のマイクロコンピュータによる製品の高度化・軽量化、FA化、さらには事務作業の電子化・自動化を意味するOA（Office Automation）化といった一連の技術革新を、当時の最先端科学の代表格であったMicro Electronics（半導体を中心とした超小型の電子工学）の頭文字をとって、「ME革命」と呼びます。

　このような技術革新の中で、日本は経済のサービス化・情報化を急速に進めていきます。産業としては、特に情報通信産業やレジャー産業、外食産業、またバブル景気の際には建設や不動産、銀行などのサービス業が発展していきました。また家計消費の側面から見ると、この時期の家計は、食料品などの基礎的消費の比率が低下する一方で、交通・通信、教育、教養娯楽（旅行やスポーツなど）といった基礎以外の消費の割合が高まっていきます。

　以上をまとめますと、この時期の日本の産業は、省エネ化や技術革新（ME革命）の進展を背景に、これまで主流であった鉄鋼や石油化学などの重厚長大型の素材産業から、自動車や電気機器・工作機械などの加工組立産業、そしてコンピュータやエレクトロニクスなどのハイテク産業といった軽薄短小型の産業（「知識集約型産業」）へと、基軸産業の転換を進めていきました。

6-2-4　長期停滞期

　最後に、1990年代から現在（2017年）に至る時期は、バブル景気の崩壊を背景とした長期にわたる景気停滞期ととらえることができます。この時代は、コンピュータやインターネットを中心とするIT（Information Technology：情報技術）の発展・普及とそれに伴う経済社会の変化（「IT革命」）、そして経済のグローバル化を背景とした日本の諸産業のさらなる国際展開が特徴です。ここでは、ITの発展による通信ネットワーク化の急速な進展とその産業への影響を中心に、日本の産業の変遷を見ていきましょう。

　まず、情報通信技術の大きな発展を受けて、企業は情報化投資を積極的に行い、業務の効率化や迅速化、社内の経営情報やノウハウの共有化の進展といった経営の改善を実現していきます。新たな技術は当初、生産管理や経理部門の業務効率の向上に活用されていましたが、やがて営業・販売のための管理コストの削減、顧客満足度やサービスの品質向上などにも役立てられるようになっていきます。

　次に、半導体技術の画期的進展によりパソコンや携帯電話などの価格低下と性能向上が劇的に進み、情報機器が通信ネットワークによって結合されたことで、通信産業の発展に道が拓けました。電子・電機と通信産業は20世紀末から21世紀初頭にかけて最大の成長産業となりました。また、インターネットを通じた電子商取引の飛躍的な拡大は、流通産業に構造的な変化をもたらすとともに、私たちの暮らしにも大きな影響を与えていきます。このようにして先の安定成長期でも現れていた経済のサービス化や情報化が、さらに進展していくことになります。

　そしてIT化によって企業は、これまで以上に生産や販売の拠点を世界的に展開することが可能になり、国際取引（貿易）も拡大できるようになりました。ですが世界的な規模での技術革新であるIT革命は、同時に国際競争をより激しいものとしていきます。とりわけ日本の産業はこれまで、労働者の熟練や系列メーカーの技術協力によって支えられる「すり合わせ型」と呼ばれるものづくりによって経済

大国としての地位を築き上げてきましたが、IT革命を背景に1990年代から急速に進展した部品の「モジュール化」（1つの複雑なシステムを、交換可能な独立した部品同士で構成しようとすること）をもとに「組み合わせ型」のものづくりが世界的に主流となる中、技術的な優位性を徐々に失っていき、80年代から90年代半ばにかけての円高の進展などとあいまって、国際競争において苦戦を強いられることとなりました。

　こうして国内需要が減少する中、日本企業は海外に資本を投下して事業を営む「海外直接投資」を積極的に行うようになります。また、高度先端技術の産業化を目的とした「ハイテク投資」も本格化させていきます。これは、①研究開発（R&D：Research & Development）のための投資と、②ハイテク製品を生産するための設備投資があります。

　このような投資活動を軸として、日本企業は海外展開と国際化を進め、国際競争力の向上を果たすわけですが、それは同時に「**産業空洞化**」の進行をもたらすことになります。産業空洞化とは、国内の産業が国外へと流出する一連の事態で、雇用の喪失や国内生産力の減退など、産業界に深刻な影響をもたらす事態を指します。この空洞化が生じる主な要因としては、先に述べたような①国内需要の長期的低迷、②円高・技術変化などによる国際競争力の低下への対応、などを挙げることができます。

　こうして日本経済は他の先進国と同様に、製造業を中心とした海外展開を加速させていき、今日に至っています。図6－3は近年における製造業の海外の活動の動きをとらえたものですが、自動車産業を筆頭に、程度の差はありますが、いずれの部門も海外での生産や売上の比率を高めていることが確認できます。

　最後に、消費者の視点でこの時期のサービスの多様化について見てみますと、この時期には人材派遣

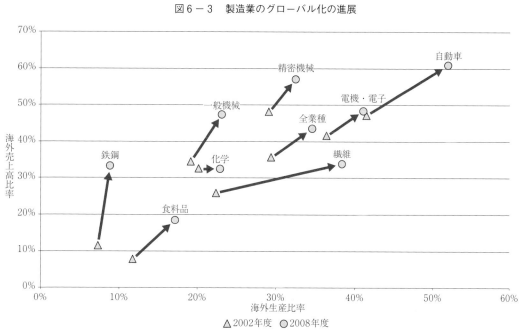

図6－3　製造業のグローバル化の進展

注：海外生産比率＝海外生産高／（国内生産高＋海外生産高）　　海外売上高比率＝海外売上高／（国内売上高＋海外売上高）
出所：国際協力銀行『わが国製造業企業の海外事業展開に関する調査報告』より作成。

業の急成長を中心に、情報提供や余暇・教養、そして介護の分野などでサービス化が進展し、これらも
それぞれ、いまや私たちの生活には欠かせないものになっています。

6-3　日本の産業の現状と課題

　本章の最後に、日本の産業の現在の課題について考えたいと思います。

　第1に、経済のグローバル化への対応です。前節でも見てきたように、近年は経済のグローバル化が
著しく進んでおり、競争もより激しさを増しています。こうした状況への対応として、日本企業も海外
展開を進めているわけです。この点に関する日本の産業や企業の主な対応としては、①技術先導品の開
発（国際貿易をリードする技術開発力の向上）、②企業のコスト競争力の再強化（特にアジア圏における**国際分
業**の活用）、そして、③本業を核とした国際的な事業展開（新たな工程間分業の構築、およびそれによる**製品
の差別化**）が挙げられます。ここで国際分業とは、国と国との間での貿易を通じた分業関係です。また
製品の差別化とは、企業が自社製品に対して、競合する他者の製品との差異を強調し、市場における優
位性を保つために行う企業戦略のひとつです。これらを合わせた例としては、製品の品質やブランド力
を高めるために一部の工程を海外諸国で行う、といったものが考えられます。

　第2に、技術革新・研究開発の推進です。現在は新興国を筆頭に技術的なキャッチアップが急激に進
んでおり、日本の産業はかつてほどの技術的な優位性を失っていると言えます。こうした中で、日本が
今後も技術先進国としての地位を維持し続けていくためには、技術革新と研究開発の体制を改めて整備
していく必要があります。このための主な施策としては、①先端技術の産業化への取り組み（産学官連
携の発展、資金調達の拡大など）、②技術開発に対する支援体制の構築（技術者の待遇改善、模倣品への対策な
ど）、③新規起業を取り巻く環境の整備（ベンチャーの育成・支援など）が挙げられます。また、こうした
施策を包括する取り組みの一つとして産業クラスターの形成があります。これは、相互に関連した分野
の企業と機関からなる地理的に近接した集団のことで、様々な企業や大学、研究機関、業界団体などが
特定の地域に集積し、相乗効果を発揮している状態を指します。地域産業を活性化させていくためには、
このようなネットワークをいかに築き上げていくかが大事な鍵になっています。

　なお、こうした技術開発をめぐっては、とりわけ近年はAI（Artificial Intelligence：人工知能）技術の
発展が目覚ましく、将来的には産業や雇用にも大きな影響をもたらすと考えられています。それがどの
ような形になるのかはまだ明確にはなっていませんが、私たちはその動きを注意して見ながら、今後の
産業と雇用に関して、改めて考えていく必要があるでしょう。

　そして第3に、持続的発展への転換です。代表的な課題としては、①環境への配慮（排出権取引、環境
技術の開発など）、②少子高齢化への対応（省力化技術の導入、女性・高齢者の労働力化など）が挙げられます。
特に日本の産業は上記のように産業空洞化が進行し、戦後の高度成長を支えてきた各地の町工場や地場
産業も苦境が続いています。地域社会を維持・存続させていくためには、新興産業の育成とともに、こ
うした地域に根付く産業の再建も進めていく必要があります。なお地域産業の再生に関連して、農林水
産業が農林漁業生産と加工・販売を一体化し、地域資源を活用した新たな産業の創出を目指す「**農林漁
業の6次産業化**」も、各地で進められています。

現在世界では2015年に国連が提唱した「**持続可能な開発目標**（SDGs : Sustainable Development Goals）」について、議論が活発に行われています。こうした社会作りを進めていくためにも、これからの産業と社会のあり方について、世代や国境を越えて、意見を交わしあっていくことが大切です。

参考文献案内

・三菱総合研究所産業・市場戦略研究本部編（2006）『日本産業読本（第8版）』東洋経済新報社
・石村貞夫・玉村千治・劉晨（2009）『Excelでやさしく学ぶ産業連関分析』日本評論社

演習問題

・戦後の日本経済には、どのような産業構造の変化があったと考えられますか。

・経済のグローバル化により、日本の産業にはいかなる影響が与えられたと言えますか。

・IT化やAI化が産業に与える影響について、考えてみましょう。

第7章　企業と経営組織

7-1　現代の企業

7-1-1　生産主体としての企業

これまでの章で見てきたように、現代の資本主義社会における経済活動は、①企業、②家計、③政府を主体とした市場経済のなかで営まれています。わたしたちの生活は、それに必要となる衣・食・住、仕事、余暇や芸術活動にいたるまで、おびただしい数の企業が生産する商品（財やサービスなど）を手に入れることで成り立っています。この意味で、わたしたちの生活は、企業が生産する財やサービスなど様々な商品に規定されているともいえるでしょう。したがって、資本主義の発展を見る場合、いかなる商品がどのような労働手段（道具や機械など）で、どのような生産方法で、どのようにして作られるのか、またその商品がいかに交換されるのかという視点が重要になるのです。

さて、資本主義体制の下では、企業（ここでは営利企業に限定します）は**利益の追求**を主たる目的としています。元手の資金を使って、原材料や機械などを購入し、労働者を雇い入れて、商品を生産し、それを販売することで、元手の資金よりも多くの資金を回収します。この元手の資金と生産した商品を販売して得た資金の差額が「もうけ」（**利益**）となり、企業はこれを大きくしていくことが求められるのです。

では、なぜ企業は利益の追求を目的としなければいけないのでしょうか。それは、利益を出すことができなければ、最終的には、企業は競争に敗れて潰れてしまうからです。利益を出すことができないと、この利益を使って新たな投資をすること（このことを**資本蓄積**といいます）はできませんし、結果として同業企業との競争に敗れてしまいます。このようなことにならないためにも、企業は何を作れば売れるのか、売るためにはどのようなことが必要かといった**販売・流通活動**（いわゆる**マーケティング活動**）や、新しい技術の獲得に向けた**研究開発**（Research and Development：R&D）**活動**などが求められてくるのです。

資本主義の発展の中で、企業間競争が強まるとともに、マーケティング活動や研究開発活動の要請も強まってきました。また、企業の活動範囲は国内にとどまらず、国境を越えた海外事業活動も増えており、企業の多くは**多国籍企業化**しています。このように、現在の企業は商品の生産活動と流通活動を総合的に担う主体として、資本主義のもとで存在しているのです。

7-1-2　主要な企業形態

現代の企業を見ていく場合、一口に企業といっても私企業や公的企業、その中間の公私混合企業など様々な企業があります。ここでは企業の大部分を占める**私企業**に焦点を絞って話をしていくことにしましょう。私企業も細かくみていくと、様々な形態をとっています。代表的なものが、**個人経営企業**（proprietorship）や**共同企業**（partnership）、**株式会社**（stock company）などです。

個人経営企業とは、ある個人が資本を出して（これを出資といいます）企業をつくり、その個人の全責

第7章　企業と経営組織　57

任のもとに活動するものを指します。個人経営企業は資本の量が少ない場合でも起業ができるわけですが、企業活動が個人の能力に左右される側面が強いことや、調達しうる資本量に限界があったりします。

　このような個人企業が持っている問題を克服するものとして、2人以上の個人経営企業者による**共同企業**が生まれることになりました。個人経営者が資本を共同で出資し、企業を共同で運営していくことで、個人の能力の限界や資本調達量の問題を回避するように発展してきたのです。

　そして、技術の発展や企業規模が大きくなってくるにつれて、より多くの資本を広く社会から調達する必要が生まれ、**株式会社**が登場してくることになりました。株式会社は、出資の単位を細分化したかたちで株式を発行して、広く資本を調達することで設立される企業です。出資者は自らの出資の範囲内でのみ責任を負うため（このことを**有限責任**といいます）、出資者にとってリスクが少なくなり、多数の出資が可能となります。また、発行された株式は売買が自由にできるため、株式会社の登場によって、**証券市場**も大いに発展することになりました。

　このように、企業の形態は資本主義の発展とともに、その形態が多様化し広がってきたといえます。

7-2　株式会社制度

7-2-1　日本の企業の現状

　現代の企業の主な形態は、株式会社が主流となっています。新聞の経済欄やニュースなどで散見される企業のほとんどは、株式会社形態をとっている企業だといっても過言ではありません。現在の日本において、企業は非常に多く存在するため、企業形態の別で、どれくらいの数字なのか、全体像を見ることは非常に難しいのですが、表7－1で概略を見ておきましょう。

　この表をみると、2014年時点で、日本の企業の事業所数は約554万あり、そこで働く従業員は約5,742万人であることが分かります。そのなかで、株式会社を含む「会社」形態をとっている事業所数は全体の54％を占め、従業者数では75％を占めています。事業所数では「個人経営」の割合も高くなりますが、そこで働いている従業者数ではおよそ3/4が「会社」で働いていることになります。

　また、米国でも同じ傾向を統計的に把握することができます。米国の場合、大きく分けて「個人経営」、「共同経営」、「法人株式会社」という形態に分けて統計が取られていますが、やはり数でいうと「個人経営」形態の企業が7割と圧倒的に多いのですが、売上高や純利益額では、「法人株式会社」がそれぞれ8割、6割を占めています（いずれも2012年の数値。IRS, *SOI Bulletin*より算出）。

　次に、企業規模別で日本の企業を見てみましょう。企業規模で分けられる「**中小企業**」と「**大企業**」などの区別は、その企業の資本金の多さやそこで働く従業員の数によって、定義されます。表7－2で2014年の数値をみると、1次産業を除いた産業の集計は382万社にのぼりますが、そのうち圧倒的多数の99.7％は「中小企業」が占めています。「大企業」は全体のわずか0.3％にしか過ぎません。さらに「中小企業」のなかでもその大部分（全企業数の85.1％）は常用雇用者数20人以下の「小規模企業」が占めています。

　以上のように、現代の日本においては、株式会社形態が従業員数の側面から見て多数を占めています。ただし上でみたように、みなさんが見聞きしたことのある大企業は、全体からみると1割にも満たない

現代日本経済演習

表7－1　日本の企業形態

年　次、産　業	総　数				個人経営			
	事業所数	%	従業者数	%	事業所数	%	従業者数	%
1996年（平成 8年）	6,717,025	100	62,781	100	3,489,209	52	10,113	16
2001年（平成13年）	6,349,969	100	60,158	100	3,131,987	49	9,006	15
2006年（平成18年）	5,911,038	100	58,634	100	2,735,107	46	7,559	13
2009年（平成21年）	5,886,193	100	58,442	100	2,465,870	42	7,068	12
2012年（平成24年）	5,453,635	100	55,837	100	2,204,704	40	6,374	11
2014年（平成26年）	5,541,634	100	57,428	100	2,117,446	38	5,989	10
1　農林漁業（個人経営を除く）	32,822	0.59	354	0.61	-	-	-	-
2　鉱業，採石業，砂利採取業	1,980	0.04	20	0.03	143	0.01	0	0.00
3　建設業	515,079	9.29	3,792	6.60	152,182	7.19	376	6.28
4　製造業	487,061	8.79	9,188	15.99	145,796	6.89	411	6.86
5　電気・ガス・熱供給・水道業	4,506	0.08	197	0.34	10	-	0	-
6　情報通信業	66,236	1.21	1,631	2.92	2,287	0.10	5.0	0.08
7　運輸業，郵便業	134,118	2.42	3,248	5.65	18,241	0.86	32	0.53
8　卸売業，小売業	1,407,235	25.39	12,031	20.94	461,561	21.80	1,412	23.58
9　金融業，保険業	87,015	1.57	1,513	2.63	6,298	0.30	12	0.20
10　不動産業，物品賃貸業	384,240	6.93	1,492	2.59	148,813	7.03	230	3.84
11　学術研究，専門・技術サービス業	228,411	4.12	1,787	3.11	102,787	4.85	311	5.19
12　宿泊業，飲食サービス業	725,090	13.08	5,490	9.55	440,785	20.82	1,376	22.98
13　生活関連サービス業，娯楽業	486,006	8.77	2,508	4.36	318,683	15.05	625	10.44
14　教育，学習支援業	169,956	3.07	1,803	3.14	93,572	4.42	225	3.76
15　医療，福祉	418,640	7.55	7,191	12.52	173,041	8.17	841	14.04
16　複合サービス事業	34,848	0.63	519	0.90	3,407	0.16	9.0	0.15
17　サービス業（他に分類されないもの）	358,391	6.47	4,664	8.12	49,840	2.35	124	2.07

注：「個人経営」とは、個人が事業を経営している場合をいう。
　　「法人」とは、法律の規定によって法人格を認められているものが事業を経営している場合をいう。
　　「会社」とは、株式会社、有限会社、相互会社、合名会社、合資会社、合同会社及び外国の会社をいう。
　　「法人」でない団体とは、法人格を持たない団体（後援会、同窓会、防犯協会、学会など）をいう。
出所：総務省統計局『日本の統計』より作成。

存在だということに注意しておきましょう。こうした大企業と中小企業の差は、賃金体系や福利厚生などにも反映されて現れており、「**二重構造**」問題とも言われています。

7－2－2　株式会社の活動と株主への責任

　これまでは、現代企業の主な形態や企業規模についてみてきたわけですが、以下では株式会社に焦点を絞って、その活動についてみていきましょう。ここでもう一度確認しておくと、株式会社とは資本金が株式という均等な形式に分割され、出資者（＝株主）が組織する**有限責任会社**のことを指します。有限責任とは、出資者の損失は出資額を超えない、会社への出資分を超えた損失は被らない、という意味です。

　株式会社における有限責任の考え方は、17世紀初頭のオランダ東インド会社の特許状にも明記されており、その意味でオランダ東インド会社が最初の株式会社とも言われています。近代的な株式会社が急速に発展した19世紀後半以降には、この有限責任の考え方が主流となっていきました。その結果、資金の投機的な事業への動員が増大し、経済発展の原動力の一翼を担っていきました。

　さて、現在の株式会社はその所有者である株主や投資家に対して、会社の状況について**説明責任**を果たす必要があります。そのため、公開株式会社の場合、年次報告書（アニュアルレポート）や**財務諸表**（主に損益計算書や貸借対照表など）を会計基準にしたがって作成して、定期的に株主に明示しています。

の推移（1996−2014年）

（単位　従業者数　1,000人）

法人				会社				法人でない団体			
事業所数	%	従業者数	%	事業所数	%	従業者数	%	事業所数	%	従業者数	%
2,994,096	45	47,280	75	2,701,517	40	42,634	68	38,532	1	190	0.3
2,971,593	47	45,761	76	2,665,350	42	40,620	68	34,600	1	145	0.2
2,955,123	50	46,495	79	2,604,941	44	39,963	68	32,329	1	130	0.2
3,390,072	58	51,243	88	3,004,319	51	44,115	75	30,251	1	131	0.2
3,218,023	59	49,327	88	2,839,291	52	41,921	75	30,908	1	136	0.2
3,394,356	61	51,313	89	2,971,628	54	43,127	75	29,832	1	126	0.2
32,308	0.95	349	0.68	22,433	0.75	227	0.53	514	1.73	5	3.97
1,833	0.05	19	0.04	1,749	0.06	19	0.05	4	0.01	0	0
362,822	10.69	3,415	6.65	361,932	12.18	3,409	7.91	75	0.25	0	0
340,668	10.04	8,773	17.10	336,821	11.33	8,705	20.19	597	2.00	4	3.17
4,470	0.13	197	0.38	4,242	0.14	195	0.45	26	0.09	0	0
63,772	1.88	1,625	3.17	62,604	2.11	1,597	3.70	177	0.59	1	0.79
115,268	3.40	3,213	6.26	112,736	3.79	3,184	7.38	609	2.04	3	2.38
943,144	27.79	10,605	20.67	920,349	30.97	10,309	23.91	2,530	8.48	14	11.11
80,627	2.37	1,501	2.92	65,942	2.22	1,257	2.91	90	0.30	0	0
234,454	6.91	1,259	2.45	229,484	7.72	1,218	2.82	973	3.26	3	2.38
125,159	3.69	1,474	2.87	111,950	3.77	1,251	2.90	465	1.56	2	1.59
283,556	8.35	4,107	8.00	278,794	9.38	4,047	9.38	749	2.51	6	4.76
166,437	4.90	1,876	3.66	159,166	5.36	1,788	4.15	886	2.97	8	6.35
75,311	2.22	1,573	3.06	52,103	1.75	539	1.25	1,073	3.60	5	3.97
242,981	7.16	6,332	12.34	77,414	2.61	1,175	2.72	2,618	8.78	18	14.29
31,399	0.92	510	0.99	20,114	0.68	324	0.75	42	0.14	0	0
290,147	8.55	4,484	8.74	153,795	5.18	3,883	9.00	18,404	61.69	57	45.24

表7−2　日本の産業別規模別企業数（2014年）

産業	中小企業		うち小規模企業		大企業		合計	
	企業数	構成比(%)	企業数	構成比(%)	企業数	構成比(%)	企業数	構成比(%)
鉱業、採石業、砂利採取業	1,454	99.7	1,284	88.1	4	0.3	1,458	100.0
建設業	455,269	99.9	435,110	95.5	284	0.1	455,553	100.0
製造業	413,339	99.5	358,769	86.4	1,957	0.5	415,296	100.0
電気・ガス・熱供給・水道業	1,000	97.2	708	68.8	29	2.8	1,029	100.0
情報通信業	45,254	98.8	29,993	65.5	533	1.2	45,787	100.0
運輸業、郵便業	73,136	99.7	53,255	72.6	251	0.3	73,387	100.0
卸売業、小売業	896,102	99.5	712,939	79.2	4,182	0.5	900,284	100.0
卸売業	227,908	99.3	162,533	70.8	1,575	0.7	229,483	100.0
小売業	668,194	99.6	550,406	82.1	2,607	0.4	670,801	100.0
金融業、保険業	29,959	99.1	28,821	95.4	259	0.9	30,218	100.0
不動産業、物品賃貸業	319,221	99.9	311,568	97.5	296	0.1	319,517	100.0
学術研究、専門・技術サービス業	188,455	99.7	160,861	85.1	622	0.3	189,077	100.0
宿泊業、飲食サービス業	544,281	99.9	464,989	85.3	759	0.1	545,040	100.0
生活関連サービス業、娯楽業	382,304	99.9	353,250	92.3	542	0.1	382,846	100.0
教育、学習支援業	107,479	99.9	94,409	87.7	129	0.1	107,608	100.0
医療、福祉	210,326	99.9	146,427	69.5	258	0.1	210,584	100.0
複合サービス事業	3,492	99.97	3,478	99.6	1	0.03	3,493	100.0
サービス業（他に分類されないもの）	138,157	99.3	96,393	69.3	1,004	0.7	139,161	100.0
非1次産業計	3,809,228	99.7	3,252,254	85.1	11,110	0.3	3,820,338	100.0

注：民営、非一次産業、企業ベースの数値。

出所：中小企業庁『2016年版　中小企業白書』577ページ。

図7-1　貸借対照表と損益計算書の仕組み

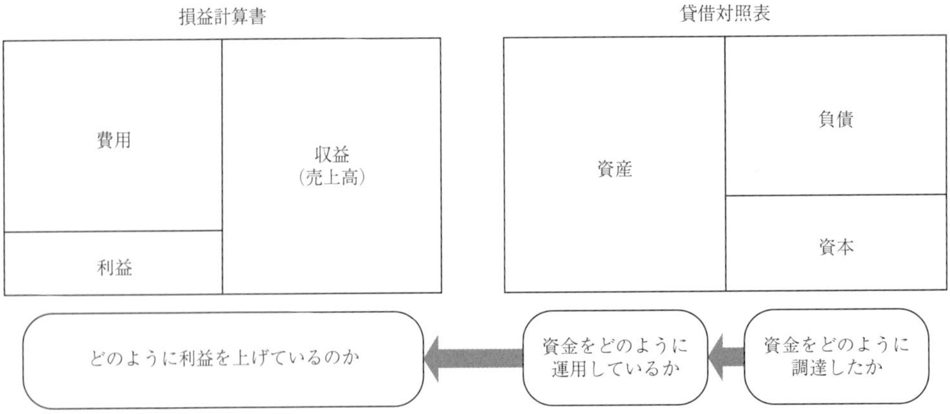

損益計算書

費用	収益
---	(売上高)
利益	

貸借対照表

| 資産 | 負債 |
| | 資本 |

どのように利益を上げているのか ← 資金をどのように運用しているか ← 資金をどのように調達したか

このことは「会社法」という法律で決まっています。

　ここでは株式会社の仕組みについて分かりやすく見ていくために、主要な財務諸表である**損益計算書**と**貸借対照表**（バランスシート）についてみていきましょう。

　まず、貸借対照表の見方から見ていきます（図7-1右側を参照）。**貸借対照表とは、企業のある一定時点における資産、負債、純資産（資本）の状態を表したもの**を指します。貸借対照表は、**複式簿記**の原則にしたがって、貸し方と借り方に別れて表示されます。貸し方が右側（資本と負債）、借り方が左側（資産）となります。貸し方は、資金の出所（調達源泉）を表し、借り方は資金の使い道（運用状況）を表しています。株式会社は、資本金の調達において、株式を発行して資金を調達しますが（これを「**自己資本**」といいます）、銀行などから融資を受けることで、資金を調達することもあります（これを「**他人資本**」といいます）。これらの資金を使って土地や建物、機械を購入したり、運転資金などにすることで、企業は資金を様々な資産に変えて生産活動を行うわけです。

　そして、その生産活動を行うことで、どれだけの利益を生み出しているかを見るのが、損益計算書になります（図7-1左側を参照）。**損益計算書は、ある一定期間における収益（売上高）と費用および利益の状態を表したもの**です。企業は生産活動を行って、そこで生産された商品（財やサービス）を販売することで、収益（売上高）を得ます。企業が属する産業や企業の特性などによってそれぞれ異なりますが、その生産活動には、当然他の企業から調達した原材料や機械、そしてそれらを使って生産活動を行う従業員に支払われる賃金・給与が必要になります。それらはすべて収益（売上高）を得るための費用となり、収益（売上高）と費用の差額が利益となるわけです（収益（売上高）よりも費用のほうが多ければ、当然、マイナス（損失）となります）。

　このように、公開株式会社は所有者である株主に対して、どのくらいの資本金をどのような資産に変えて運用し、どのような事業活動をおこなうことで、どれくらい売上が得られたのか、またその売上を得るためにどれくらい費用がかかり、その差額である利益をどのくらい稼いだのか、これらのことを詳細に説明する責任を負っているわけです。

　また、これら財務諸表をみることによって、個別企業の資本循環と資本蓄積の構造を個別具体的に把握することができます。企業は元手の資金を原材料や機械の購入、従業員を雇うための給与・賃金に当

第7章　企業と経営組織　61

図7－2　企業の資本蓄積と再生産

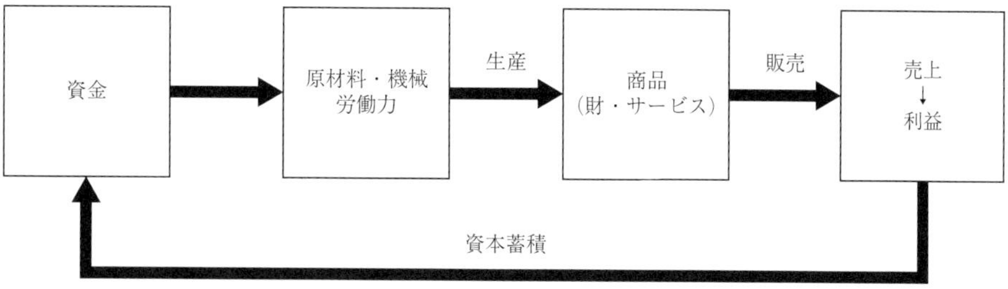

資金　→　原材料・機械　労働力　→（生産）→　商品（財・サービス）　→（販売）→　売上↓利益

資本蓄積

出所：高橋勉（2011）『「公民」が苦手だった人のための現代経済入門講義　第2版』法律文化社、61ページを元に作成。

て、それらを使用して商品を生産します。生産された商品は販売され、収益（売上）を得て、そこから利益を得ます。その利益を再投資することで、企業は資本蓄積を行っているのです。この一連の流れが繰り返されることで、このような企業を取り巻く生産関係（生産において人間がかかわる社会的関係のこと）も再生産されているのです（図7－2参照）。

7－3　企業経営の目標と企業経営組織

7－3－1　企業経営の目標

　株式会社は、**企業価値の向上**を目標にして経営を行います。この企業価値をどのようにとらえるのかによってその目標も変わってきますが、いままで見てきた株式会社の原則に照らし合わせて考えると、株式会社の所有者は出資している株主ですから、企業価値をとらえるものとして株主の視点からみる方法があります。

　株主の視点からみると、その企業の株式の価値（これを貨幣的に表したのが**株価**です）を上昇させることこそが、企業価値の向上とみなされます。なぜならば、利益の増大にともなう株価の上昇は配当を増やすことにつながり（これを**Income gain**といいます）、また株式の取得時点よりも株価が高くなれば、株式の資産価値が上昇することになるからです（これを**Capital gain**といいます）。

　この株主の視点から企業価値の向上を見ていくにあたって、重要な指標となるのが**総資本利益率**（Return on Assets: ROA）と**自己資本利益率**（Return on Equity: ROE）です。総資本利益率とは、企業が調達してきたすべての資本（貸借対照表の右側の資本部分と負債部分の合計である総資本（＝総資産：貸借対照表の左側））に対して、どれだけの利益を上げることができたのかを示す指標です。具体的には、純利益（税引き後の当期利益のこと）を総資本（＝総資産）で割ることで求められます（(1)式参照）。

　これに対して、自己資本利益率は株主の出資した資金（自己資本）のみに対して、どれだけ効率的に運用することによって利益を上げているのかを示すものです。具体的には、純利益を自己資本で割って求められます（(2)式参照）。

$$\text{ROA} = \frac{純利益}{総資本\,（負債と資本の合計）} \times 100\ （\%） \qquad\qquad ……(1)$$

$$= \frac{純利益}{売上高} \times \frac{売上高}{総資本} \times 100（％）$$

（売上高利益率）×（総資本回転率）×100（％）

$$ROE = \frac{純利益}{自己資本} \times 100（％） \qquad \cdots\cdots(2)$$

$$= \frac{純利益}{売上高} \times \frac{売上高}{総資本} \times \frac{総資本}{自己資本} \times 100（％）$$

（売上高利益率）×（総資本回転率）×（財務レバレッジ）×100（％）

　このROAやROEは、いくつかの要素に分解することができます。ROAからみていくと、ROAは売上高利益率（売上高に対して純利益がいくらか）と総資本回転率（投下資本総額に対して売上高がいくらか）に分解されます。ROAを高めるためにはこれらの要素が高まればいいので、費用を削減することで売上高利益率を高めるか、総資本回転率を高めて投資効率を良くすることが必要になります。

　他方ROEの場合は、ROAに見られた売上高利益率と総資本回転率に加えて、財務レバレッジの要素がかかわってきます。財務レバレッジとは自己資本と総資本の比率のことであり、簡単に言うと総資本が自己資本の何倍なのかを示すものです。ROEを高めるためには、費用を削減して売上高利益率を高めたり、遊休資本などを縮小することで総資本回転率を高めることに加え、総資本のうち自己資本の割合を低下させることで財務レバレッジが高まれば、ROEは高まることになります。ただし、安易に財務レバレッジを高めることは、資本の安定性を損なうことでもあるので注意が必要でしょう（このように、財務諸表の数値を使用して企業の分析をするのが、会計学です）。

　近年、日本では企業による株式の持ち合いが解体し、**機関投資家**（年金基金や投資ファンド）などの大口株主からの圧力が強まるようになるにつれて、企業はますますROAではなく、ROEを重視するような経営が強いられるようになりました。ROEを高めなければ、株式市場で評価されず株価も下がることになります。株価が下がれば**合併・買収**（Mergers and Acquisitions：M&A）の対象にされることも少なくありません。そのため、ROEを高めることができない場合、企業の経営陣が更迭されるというような事態も散見されるようになっています。

7-3-2　企業経営組織

　次に企業の経営組織についてみていきましょう（図7-3参照）。株式会社の所有者は株主ですが、実際に経営を行っているのは必ずしも株主とは限りません。株主の集まりである**株主総会**では、株式会社の基本的な方針や重要な事項を決定しますが、経営の具体的な方針を決めるのは、株主総会で選ばれた取締役によって組織される**取締役会**です。取締役には、その企業の創業者や大口の株主が選出されて経営にかかわる場合もありますが、そうではない場合もあります。特に20世紀に入ってから、企業の所有者と経営者が一致しないという「所有と経営の分離」現象が顕著に見られるようになりました。

　現在の日本において、取締役会がある会社は3人以上の取締役を置くことが法律によって決められています。取締役会の代表者を**代表取締役**と呼びます。代表取締役は、その言葉通り、その会社を代表し

図7-3 株式会社の経営組織

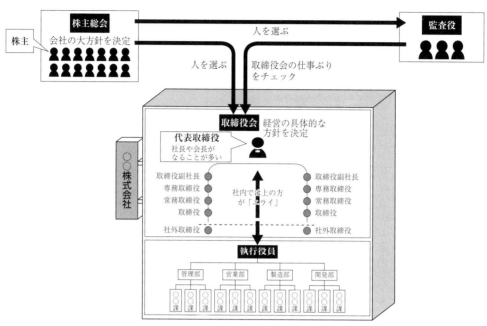

出所：『日本経済新聞』（2013年6月29日付　朝刊）19ページを参考に作成。

て発言したり、重要な契約書にサインしたりと、実質的な経営者の役割を担います。会社の中で、会長とか社長、副社長、専務などの役職がありますが、それは会社内の呼び名に過ぎません。ただし、それらの役職はその会社の取締役が兼任することが多いため、「代表取締役社長」であったり「取締役副社長」などというように呼ばれたりするわけです。そしてその会社の経営方針にしたがって、実際の仕事を指揮するのが**執行役員**となります。この執行役員も実際は取締役を兼ねていることが多いようです。

以上のように、株式会社の経営組織は株主総会で選ばれた取締役で構成される取締役会がその会社の社長や副社長、専務や常務といった**経営陣**を指名して、これらの経営陣が実際の経営に当たるという仕組みになっています。したがって、これらの取締役を含めた経営陣をどのようなメンバー構成にするのかということは、会社の方針によって変わってくると言えるでしょう。

7-4　企業統治（コーポレート・ガバナンス）

近年では、企業をいかに統治していくのかという点について、**企業統治（コーポレート・ガバナンス）**という考え方が広く認識されるようになってきました。特に、投資家や株主に大きなダメージを与えるような不祥事が相次いで見られるようになってきたことや、いわゆるグローバル化の下で、企業経営に関してもグローバル・スタンダードが求められるようになったことが背景にあります。日本では、コーポレート・ガバナンスについて一歩先んじていた米国流の考え方が導入されてきました。

その1つが、企業の業務を執行する機能（マネジメント機能）と経営者の執行活動を監査する機能（ガバナンス機能）とを分離させるというものです。具体的には、**法令遵守（コンプライアンス）**を徹底し、社

外取締役制度や監査役制度を導入したりすることで、内部統制システムを整備するという取り組みです。以下、順にみていきましょう。

　社外取締役とは、文字通り、社外にいながら取締役を務める人のことです。企業経営に関して取締役会が重要な役割を果たしますが、その会社に長く勤めた生え抜きの取締役ばかりでは、しがらみなどから自由な意見が出るのが阻害されたり、多様な意見をくみ取ることが難しかったりします。そのため、社外取締役を入れることで、第三者の立場から経営方針をチェックしてもらったり、専門的な見地からアドバイスを得たりすることによって、企業内部からのガバナンス体制を整えようとしています。

　監査役制度も社外取締役と同様の機能を果たすものとして導入されています。実質的な経営組織である取締役会や経営陣の仕事ぶりを監査役が監視・監督することで、経営の透明性を担保しようというものです。この監査役は株主総会で直接選ばれ、取締役会や経営陣から独立したものであり、利益相反が起こらないように取締役との兼任は禁止されています。

　また企業を取り巻く環境が大きく変化する中で、企業のとらえ方も変わりつつあります。言うまでもありませんが、企業は、株主だけではなく、従業員や労働組合、顧客（取引先や消費者）、地域社会、政府（自治体や行政）といった多様な**利害関係者（ステークホルダー）**と関わっています（図7－4参照）。このように多様な利害関係者との関係のなかで企業をとらえた場合、企業の価値を評価するにあたって、「**企業の社会的責任**」（Corporate Social Responsibility: CSR）という視点が注目を集めるようになってきました。

　この考え方自体は決して新しいものではありませんが、社会の中で企業の影響力が強まっていることや昨今の企業による相次ぐ不祥事などが、こうした考え方を再考するきっかけとなっていることは間違いありません。「企業の社会的責任」という視点は、企業を内部からだけではなく外部も含めて両面から監視し、社会全体として企業を評価していくべきという考え方が求められてきたからといえるでしょ

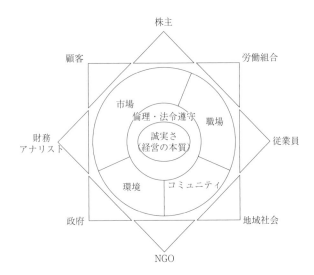

図7－4　企業とステークホルダー

出所：秋山をね・菱山隆二（2004）『社会責任投資の基礎知識』岩波書店、65ページ。

う。

　「企業の社会的責任」の視点から企業の価値を評価するものとしては、企業倫理や法令遵守の徹底といったことはもちろん、人権やマイノリティに配慮した労務管理、安心で安全な商品の提供、環境に配慮した事業活動、社会貢献や地域との連携など、様々なものが挙げられます。企業によって重視すべき利害関係者への対応は異なってくるのは当然ですが、偏った利害関係者のみを重視するような行動をとっていては、もはや社会的に通用しないと言えるでしょう。

　以上のように、企業を取り巻く環境が大きく変わっている中で、企業のとらえ方も多様化しています。いかに企業統治体制を整えるのかということは非常に重要ですが、いくら立派な体制を整えたとしても、それを実行するのはあくまで企業の中にいる人間です。「仏作って魂入れず」といったことのないように、個人の行動規範や倫理も同時に求められていると言えるでしょう。

参考文献案内
・岩井克人（2009）『会社はこれからどうなるのか』平凡社
・ジョン・ミクルスウェイト、エイドリアン・ウールドリッジ著、鈴木泰雄訳、日置弘一郎・高尾義明監訳
　（2006）『株式会社』ランダムハウス講談社

演習問題

・株式会社とはどのような組織か、説明してみよう。

・実際の企業を事例に、経営組織の構造や財務状況を調べてみよう。

・「企業の社会的責任」の考え方は企業活動にどのような影響をもたらしているのだろうか。みんなで議論してみよう。

第8章　労働市場の動向と私たちの働き方

8-1　働くことの意味

　多くの学生は、学校を卒業した後、就職して働きだします。すぐには就職できなかった場合も、いずれは就職することがほとんどです。あるいは、ミュージシャンやアイドルになったり、親のお店を引き継いだり、自分で事業を立ち上げたりする人などもいるかもしれません。どのような形にせよ、私たちは人生の多くの時間を労働に費やします。では、私たちが働くことの意味はどこにあるのかといえば、働いて収入を得て、生計を維持するためです。

　しかし、それだけとは限りません。まず、労働は社会参加の重要な形と考えられます。働いて収入が得られるということは、その仕事が社会の求める財やサービスを提供できているからです（まったく必要とされていない財やサービスを提供していたら、その仕事は成り立ちません）。それゆえ、ほぼすべての仕事は、詐欺や犯罪等でない限り、世の中の誰かの役に立っていると言えます。そして、そうした無数の人々の労働のおかげで、私たちは生活を続けることができています。さらに、労働収入から徴収される税金や社会保険料が、学校や道路、警察や社会保障などの財源となり、私たちの暮らしを支えています。働くことは自分が所属する社会に貢献することにつながり、仕事は社会と個人を結びつける大切な絆になっています。それに加えて、例えば、難しい業務を完遂できたとき、仕事ぶりを褒められたとき、顧客から感謝されたとき、自分自身が成長できたときなどに、労働は私たちに喜びをもたらしてくれます。

　ただし、労働のこうした側面を強調しすぎることには注意が必要です。労働が私たちの生活を充実させてくれるのは、賃金、労働時間、休日などの労働条件が整っていることが前提になります。例えば、こうした労働条件が酷い状態が続けば、長時間労働による過労死、低賃金による生活困難など、労働は喜びどころか不幸せをもたらすかもしれません。だからこそ、労働条件の最低基準を定める**労働基準法**などの労働法の役割が重要になることを忘れてはいけません。

8-2　就業と失業の動向

8-2-1　就業者と失業者

　前節で、多くの人が働くという話をしましたが、実際にはどれぐらいの人が働いていて、逆にどれぐらいの人が働いていないのでしょうか。日本における就業や失業の状況を把握する重要な調査である総務省統計局『**労働力調査**』で確認していきます。

　『労働力調査』では、月末1週間に、賃金、給料、諸手当、内職収入などの収入を伴う仕事（以下、仕事）を1時間以上した者を従業者と定義しています。ただし、個人経営の事業を営む自営業主の家族で、その事業に無給で従事する家族従業者は、収入が伴わなくとも従業者に含めています。この従業者に、

図8－1 就業者数の推移

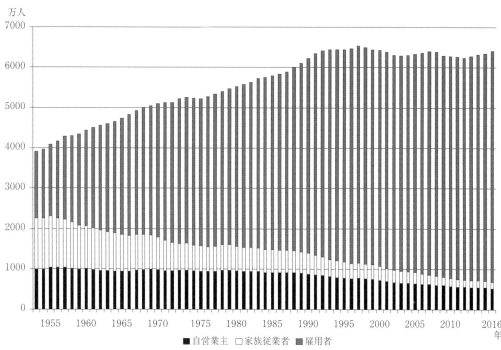

資料：総務省統計局『労働力調査』より作成。

休業者（仕事を持ちながら、一時的に仕事に従事しなかった者）を加えたものが**就業者**であり、この数値が日本で働いている人の人数と言えます。2016年平均の就業者数は6,440万人となっています。

戦後一貫して増加していた就業者は、少子高齢化の影響などから、1990年代以降、ほとんど増えていません（図8－1）。また、かつては就業者の半数近くを占めた**自営業主**と**家族従業者**の割合は一貫して低下しており、現在においては就業者の9割近くが**雇用者**になっています。ちなみに、「雇用者」というのは会社や官公庁などに雇われて働く人のことです。雇われる者という意味では、「被雇用者」の方が適切ですが、以下では、『労働力調査』の用語法に従います。

一方で、**失業者**はどれぐらいいるのでしょうか。失業者は単に仕事をしてない人という意味ではなく、「仕事を持たず」、「現に就業が可能で」、「仕事を探していた」者を言います。例えば、（アルバイトをしていない）学生、専業主婦や高齢者などは仕事をしていなくても失業者にはなりません。この定義による失業者は完全失業者とも言われますが、その人数は2016年の年平均で208万人となっています。そして、この完全失業者が**労働力人口**に占める割合が**失業率**になります。労働力人口は、15歳以上の人口のうち就業者と完全失業者を合わせたものです。2016年の年平均の失業率は3.1%となっています。

8-2-2 失業

では、なぜ、仕事を探していても、仕事に就けない失業者が生じるのでしょうか。いくつかの理由が考えられます。

まず、**需要不足失業**があります。不況などで財・サービスに対する需要が減った場合、財・サービス

68   現代日本経済演習

は売れにくくなります。企業がそれに応じて生産量を減らそうとした場合、生産のために必要となる労働者に対する需要（労働需要）も減ります。確かに、労働需要の低下に応じて、賃金が大きく下がれば、（労働力が商品として取引される）**労働市場**での売れ残りである失業は解消する方向に向かうかもしれません。しかし、一般に、労働者の勤労意欲への配慮、労働組合や法律等の影響などから、賃金を大幅に下げることは困難です。

　また、雇用のミスマッチによる失業もあります。労働需要が不足していなくても、企業の求める人材と求職者のもつ資質がうまく合致していなかったり、求人の多い地域と求職の多い地域が偏在したりしていれば、仕事に就けない人が生じます。こうしたタイプの失業は**構造的失業**といいます。その他にも、**摩擦的失業**と呼ばれるタイプの失業もあります。例えば、衰退産業で働いていた人が失業し、新しい産業で働こうとする場合には、職業訓練などで就職するまでに一定の時間がかかるかもしれません。

　いずれにせよ失業が増えることはあまり良いことではありません。失業すれば、賃金が得られなくなり、生活が困窮する可能性が高くなります。また、特に若年失業の場合、仕事をして職務能力を向上させる貴重な機会を失うことを意味します。さらに、社会との繋がりの喪失、犯罪や自殺の増加をもたらすかもしれません。また、失業者が増えれば、政府の税収や社会保険料収入は減少し、その一方で、失業者に対する現金給付などの形で政府支出が増加します。それゆえに、政府は、景気対策や職業紹介・職業訓練などを通じて、失業を減らすことを目指しています。

8－2－3　労働力率の動向

　先ほど、15歳以上人口のうち就業者と完全失業者を合わせたものが労働力人口であるという話をしました。労働力人口は15歳以上人口とイコールにはなりません。就業者でも完全失業者でもない**非労働力人口**がいるからです。では、どのぐらいの人が労働力人口となっているのでしょうか。それを示す数値が「労働力人口比率」あるいは「**労働力率**」で、15歳以上人口に占める労働力人口の割合と定義されます。

　労働力率を過去と比較した場合、女性の労働市場への進出に伴って、女性の労働力率が上昇していることは想像がつくと思います。にもかかわらず、全体で見た場合、日本の労働力率は長期的には下落し（図8－2）、現在60％弱となっています。その理由として、まず、進学率の上昇などから、10代後半から20代前半までの若年層の労働力率が低下したことが挙げられます。また、①老後の生活を支える公的年金制度が充実してきたこと、②多くの人が定年のない自営業者ではなく、定年のある雇用者で働くようになったこと、③就労の特に難しい後期高齢者が増加したことなどにより、65歳以上の高齢層の労働力率が低下したこともその理由です。さらに、人口高齢化により、労働力率の低い高齢層の割合が増えたことが、全体の労働力率を低下させています。

　持続的な経済成長を実現していく上では、安定的な労働供給が必要になると考えられるため、労働力率の低下は、経済成長を押し下げる要因になりえます。この観点からは、現在、非労働力人口となっている女性、高齢者、障害者の就労を一層促進していくことが求められます。また、外国人労働者の活用に期待する声もあります。

図8－2 労働力率の推移

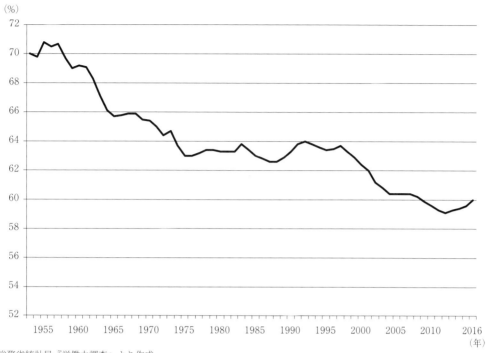

資料：総務省統計局『労働力調査』より作成。

8-2-4 失業率の動向

　図8－3では、失業率の動向を確認できます。一般的に、景気が良いときには、企業は採用を増やすので、失業率は下落します。一方で、景気が悪いときには、新規採用の抑制や整理解雇等のために、失業率は上昇します。ただし、景気が良くなったとしても、すぐに採用を増やすのではなく、労働時間の延長などで対応することもあります。また、景気が悪くなったときも、正社員の場合、企業には解雇を回避するための努力が求められ、すぐに解雇ということにはなりません。そのため、失業率は景気の動向にやや遅れて変化すると言われています。

　その他、景気が悪化したときでも、仕事探しを諦める人が増えることで、失業率の上昇が抑えられることもあります。例えば、パートの女性が解雇されて、完全な専業主婦になった場合、失業者にはカウントされません。逆に、景気が良くなったときでも、そうした人が仕事を再び探し始めることで、失業率があまり下落しないかもしれません。こうしたことから、景気の動向と失業率の変化が一致しないこともあります。

　日本では、高度成長期以降1990年代前半まで、失業率を2％程度に抑えることができていました。欧米諸国に比べて、日本での失業率が低かった背景としては、オイルショック以降の景気後退をいち早く切り抜けて、比較的高い経済成長を継続できたこと、後述の日本的な雇用慣行のもと、従業員の雇用維持が優先されてきたことなどが考えられます。しかし、バブル崩壊以降、失業率は上昇し、一時は5％を超えました。2000年代中盤に改善したものの、世界金融危機の影響で2009年に急激に増えています。その後は再び緩やかに下落していることが分かります。

図8－3　失業率の動向

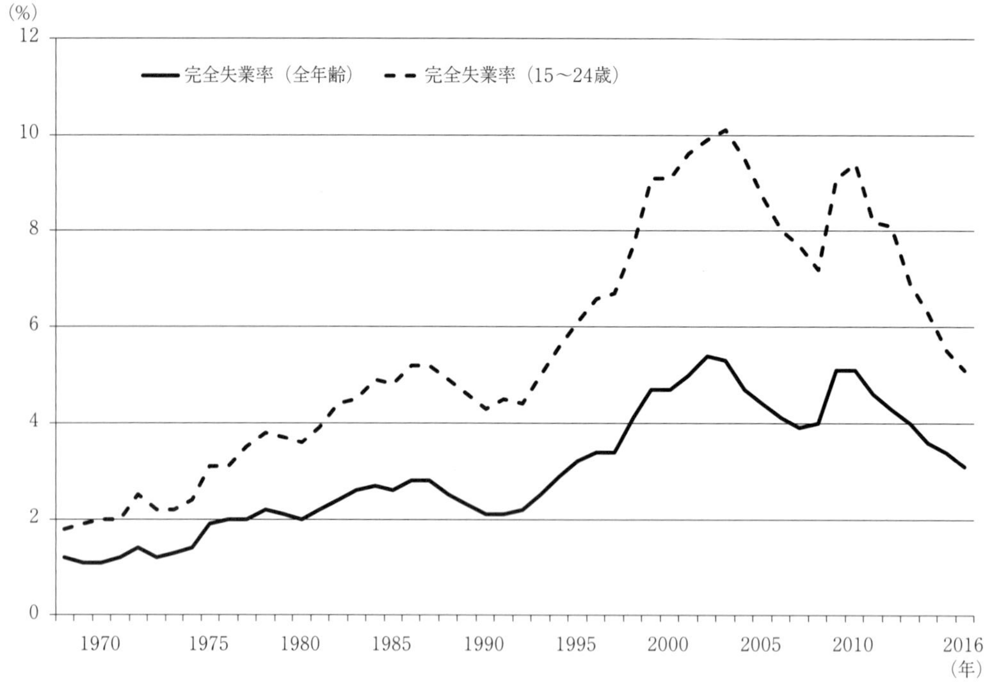

```
(%)
12

          ── 完全失業率（全年齢）　---- 完全失業率（15〜24歳）

10

 8

 6

 4

 2

 0
    1970   1975   1980   1985   1990   1995   2000   2005   2010   2016
                                                                    (年)
```

資料：総務省統計局『労働力調査』より作成。

　失業率を年齢別に見た場合、若者の失業率が高くなることが知られています。さらに、不況期の失業率の上昇も若者で最も顕著に現れます。その理由として、企業側が、人件費を調整するときに、中高年の解雇よりも、まずは若年者の新規採用の抑制で対応しようとすることが考えられます。一方で、労働者側でも、若い時は、適職を探すために、自分の意思で離職をし、失業することが少なくありません。さらに、10代で仕事を探している人の学歴は、大学卒業ではありませんので、その点で不利になっている可能性もあります。

8－3　雇用慣行

　私たちの働き方にはいくつかの種類がありますが、すでに見たように、働く人の大部分は、雇用されて働いています。雇用されるというのは、雇われる側である労働者が、雇う側である使用者の指揮命令下で労務に服することを約束して、使用者がそれに対して報酬を与えることを約束する契約（**雇用契約**）を結ぶことです。仕事の進め方などを自分で決められる自営業者に比べれば、働き方の自由は失われます。その一方で、賃金が安定的に得られたり、やるべき仕事が与えられたり、企業の名前で大きな取引ができたり、労働法の保護があったりといった特徴があり、それゆえに、多くの人が雇用されて働くことを選択していると考えられます。雇用のされ方は、当然に企業ごとに異なりますが、日本では一般的に次のような特徴があると言われています。

(1)新卒一括採用

　雇用の開始時点でいえば、「**新卒一括採用**」という慣行があります。各企業は、職務経験のない学生に対して、卒業前に就職内定を出し、卒業後すぐに一斉に入社させます。特に大手企業では、そのタイミングを逃すと正社員として入社することは難しくなります。このことが、日本において、在学時の就職活動が極めて重視される理由になっています。

　前述したように、一般的に若者の失業率は高くなる傾向があります。しかし、新卒一括採用によって、多くの学生が失業期間を経ることなしに就職することになり、欧米諸国に比べれば、経験や技能を持たない若年者の失業率は低く抑えられます。また、多くの企業は、仕事をするうえで必要な能力を向上させるための教育訓練を採用時に行いますが、新卒一括採用であれば、採用時期や採用された者の経歴が揃っているので、効率的にそれを実施できるという指摘もあります。

　その一方で、在学時の就職活動が苛烈化することにより、学生の本分である学業を妨げること、就職活動をした時期の景気状況で就職が左右され、それがその後の人生にも影響を及ぼすことなどの弊害も指摘されています。

(2)長期雇用

　雇用の安定という点では、企業に雇用された正社員は、原則として定年まで雇用され続けるという「**長期雇用**」の慣行があります。特に、人手不足が深刻であった高度経済成長期には、雇用した労働者にできる限り長く働いてもらうことのメリットが大きく、そうしたことが長期雇用を生んだ背景と言えます。

　また、企業で求められる労働者の能力や知識のなかには、例えば、その企業独自の機械の特徴や仕事の進め方についての知識など、特定の企業でしか役に立たないものもあります。こうした能力や知識を向上させるためには、企業がコストを負担して、企業内で教育訓練を実施する必要があります。もし、労働者がすぐに退職してしまえば、こうした能力や知識は蓄積されず、また教育訓練のためのコストも十分に回収できないままです。長期雇用は、こうした企業特殊な熟練の蓄積と維持に有効とも考えられます。

　もちろん、このような慣行があったとしても、無断欠勤を続けるなど労働義務の不履行等があれば、解雇の対象になります。さらに、企業の経営悪化に伴う**整理解雇**が行われることもあります。ただし、労働契約法において、「客観的に合理的な理由を欠き、社会通念上相当であると認められないような解雇は、解雇権の濫用として無効になる」という規定もあり、企業は完全に自由に労働者を解雇できる訳ではありません。

(3)年功賃金

　雇用されているときの賃金体系としては、年齢や勤続年数とともに賃金が上がっていく「**年功賃金**」という慣行があります。年功賃金については、企業が労働者の生計費に応じて、賃金を支払おうとしているという説明があります。労働者は、年齢が高くなるにしたがって、結婚、子どもの教育、住宅費などで生計費に多くお金がかかるようになりますが、それに応じて、賃金を上げているという考え方です。

一方で、年齢や勤続年数は一見すると労働者の貢献度とは無関係なような気もしますが、実際には、仕事を続けることで経験を積み、それに伴って労働者の生産性は高くなると考えられます。それが理由で賃金が上昇しているという指摘もあります。ただし、一般的には、年功賃金は、労働者の会社に対する貢献度に見合った賃金に一致せず、働き盛りの壮年期には、貢献度に見合う水準よりも低い賃金となり、その代わりに中高年以降は、それよりも高い賃金になると言われています。壮年期に賃金が低く抑えられていても、勤め続けた場合に、その分だけ、中高年以降で賃金が高くなるのであれば、労働者は同じ企業に留まり、長く働き続けようという気持ちが強くなります。それゆえ、企業側から見れば、年功賃金には労働者の離転職を防止する効果が期待されます。

ただし、年功賃金と言っても、年齢と勤続年数だけで賃金が決まる訳ではありません。同じ企業で同一年齢・勤続年数であっても、横並びの処遇にはならず、実際には、人事評価などを通じて、昇進や賃金に格差がつけられていきます。

⑷ 定年制

雇用の終了時点でいえば、「定年制」という慣行があります。長期雇用や年功賃金をとる場合、体力面等で生産性が低下した高齢者をいつまでも会社への貢献度と比べて高い賃金で雇うことになりかねません。それを避けるためには、どこかの時点で、高齢者を円滑に退職させる必要があります。定年制のある企業では、一定年齢への到達で労働者は一律に退職となります。

定年年齢は企業によって異なり、現在のところ60歳が多くなっていますが、老後の生活費を支える公的年金の標準的な支給開始年齢が65歳に引き上げられるなかで、65歳とする企業も徐々に増えています。また、高齢者の中にはまだまだ働く意欲も能力も高い人もいます。そのため、高年齢者雇用安定法の改正により、企業は、60歳定年とする場合でも、継続雇用という形で、希望者には65歳まで働き続けられる場を用意しなければなりません。しかし、継続雇用の場合でも、定年でそれまでの雇用契約がいったん切れることがほとんどで、その後は、賃金が大きく下落することになります。

以上で見たような日本的雇用慣行は、すでに述べてきたような合理性を有していただけでなく、労働市場での失業率を低く抑え、労働者の生活設計を立てやすくし、企業への帰属意識を向上させるなどの効果もあったと思われます。その一方で、労働時間の長さや転勤の多さなどにも繋がっていきました。また、高齢化や1990年代以降の経済成長の低下に伴い、長期雇用や年功賃金については揺らぎも見られています。従業員の平均年齢の上昇は人件費の増加をもたらし、年功賃金の存続を難しくするかもしれません。また、企業の利益がなかなか増えないような状況では、労働者を定年まで雇い続けることができなくなることも考えられます。

さらに、こうした雇用慣行はすべての企業に見られる訳ではなく、特に中小企業では必ずしも普及しているとは言えません。また、注意しなければならないのは、こうした雇用慣行がとられるのは正社員だけであることです。そして、1980年代以降現在まで、その枠外にある非正規社員の割合は一貫して増加しており、その意味で、日本的雇用慣行が適用される労働者の範囲は狭まっていると言えます。

8-4 雇用形態

8-4-1 正社員

　雇用者は、正規と非正規に大別されます。非正規の定義は、正規つまり正社員ではないということです。では、**正社員**はというと、実は必ずしも明確な定義がある訳ではありません。「労働力調査」では勤め先の呼称で区分しています。しかし、一般的には、**無期雇用**（契約期間に定めがないこと）、**直接雇用**（実際の勤務先と雇用契約を結んでいること＝派遣労働者ではないこと）、**フルタイム雇用**（パートタイム労働者ではないこと）の３点すべてに合致する雇用形態が正社員と認識されています。

　正社員と非正規社員の違いも企業ごとに様々ですが、正社員の一般的な特徴として、雇用面では、定年まで雇用されることが多いということが挙げられます。もちろん、前述したように、解雇されることがないということではありません。また、非正規社員に比べて、雇用の安定している正社員の方が、その企業の基幹的な業務を任されることが多くなります。

　一方、賃金面では、１か月を単位として決められた給与が支払われる**月給制**がほとんどです。さらに、毎月の給与とは別に、年に２回程度、一時金（**賞与**）が支給されることも多くなっています。そのほかに、扶養する家族がいる場合の**家族手当**、家賃を補助する**住宅手当**などがつくこともあります。なお、雇用形態の違い（正規・非正規）による賃金の差は、平均で見た場合、若い時にはあまり大きくありません。しかしながら、年齢が上になるにつれて、正社員が非正規を大きく上回るようになっていきます（厚生労働省「賃金構造基本統計調査」）。

　以上のような違いに加えて、正社員では、教育訓練・能力開発を受けられる機会が相対的に多いということも重要です。正社員に対して計画的な**OJT**（職場での実務を通じて行われる教育訓練）や**Off-JT**（通常業務から一時的に離れて、講習会など職場外で行われる教育訓練）を実施する事業所は多いのですが、非正規社員に対しては計画的なOJTやOff-JTが実施されないことが少なくありません（厚生労働省『能力開発基本調査』）。教育訓練にもコストがかかりますが、雇用期間が短ければ、その分の回収ができないかもしれません。それゆえに、企業から見れば、長期雇用が期待される正社員に対して積極的に教育訓練を行う方が合理的です。教育訓練の結果として、職業能力が向上すれば、賃金の上昇にも繋がっていきます。

　それだけではありません。仕事を辞める時に、正社員に対しては、ほとんどの場合、その企業独自の**退職金**が支給されます。退職金の金額は、企業によって大きく違いますが、大卒で勤続20年以上であれば、中小企業でも、平均額で約1,000万円を超えます（厚生労働省『就労条件総合調査』）。

　また、社会保障の面でも、正社員の場合、ほぼ100%、**厚生年金保険**や**健康保険**に加入します。非正規社員でも、これらの社会保険に加入することはありますが、その加入率は50%程度です（厚生労働省『就業形態の多様化に関する総合実態調査』）。厚生年金保険や健康保険の財源となる保険料は給料から自動的に徴収されますが、その半分は企業が負担してくれます。一方で、老後の年金額は、厚生年金保険加入の有無により２倍程度は変わります。また、健康保険に加入している場合、病気で仕事を４日以上休んだ時に、傷病手当金という形で、休業前の給料の３分の２を受け取ることができます。もしものときの保障も正社員で手厚くなっています。

8-4-2　非正規社員

　雇用形態別の雇用者の割合の推移を見た場合、正社員以外の雇用者が増加しています。1980年代には、雇用者のなかで非正規の職員・従業員が占める割合は2割弱でしたが、2016年平均では、雇用者の約38％が非正規の職員・従業員となっています（総務省統計局『労働力調査』）。人数では、約2,000万人に達しています。

　非正規社員が増加した理由として、労働者側では、女性の労働力率の高まりとともに、家事や育児との両立のために、短時間労働を希望する労働者が増えたことが挙げられます。一方で、企業側では、非正規社員を活用してきた理由として、人件費の削減と調整があります。正社員を雇う場合、賃金だけでなく、保険料や退職金も含めて、非正規社員よりも多くのコストがかかります。企業は非正規社員を増加させることによって、人件費の節約を行うことができます。また、正社員の場合、景気などが変動した場合であっても、基本給を下げたり、解雇をしたりすることは簡単ではありません。比較的に雇用調整のしやすい非正規社員を活用しておけば、そうした場合に人件費の調整がしやすくなります。こうしたことが可能となった背景のひとつとして、職場のIT化等によって、非正規社員でもできる仕事が拡大したことが考えらます。さらに、サービス業において、深夜営業や24時間営業の店舗が増加してきたことも、パートタイム労働者の採用の増加に繋がっています。

　非正規社員にも、様々な雇用形態があります。例えば、週の所定労働時間が短い短時間労働者を意味する**パートタイム労働者**が挙げられます。パートは、時給制が一般的であり、定型的・補助的業務に従事する傾向があり、健康保険や厚生年金保険の適用も無いことが多くなっています。その他に、月給制やフルタイム勤務であっても、期間の定めのある有期の雇用契約を結んで働く**契約社員**という雇用形態もあります。この有期雇用契約の契約期間は、原則として、3年以下でなければなりません。ただし、契約期間満了後に再び契約を結んで、仕事を続けられることもあります。一方、契約社員側が続けて働きたいと希望しても、会社側が更新を拒否すれば、期間満了をもって退職（**雇止め**）となります。

　なお、有期雇用契約は、契約社員だけでなく、パートや後述の派遣社員などでも見られる雇用契約です。そのなかには、有期契約を反復更新して働く労働者も少なくありません。そうした労働者は長く働いていても、常に雇止めの不安に晒されます。このような状態では、安心して働けないだけでなく、会社側の更新打ち切りにおびえて、不当な取り扱いを受けても、それを訴えることが難しくなってしまいます。こうした問題に対処するために、契約更新を何度も繰り返し、実質上、期間の定めのない契約と同じような状態になっている場合は、更新の打ち切りは実質解雇とみなされます。つまり、客観的に合理的な理由を欠き、社会通念上相当であると認められなければ、雇止めができなくなります。様々な事情を総合的に考慮して、契約が更新されるという合理的な期待が認められる場合も同様です。

　さらに、有期雇用契約が反復更新されて、通算5年を超えたときは、労働者側の申し込みにより、無期雇用契約に転換できるルールも労働契約法で規定されています。ただし、有期雇用契約とその次の有期雇用契約の間に、契約がない期間が6か月以上あるときは、そこで契約期間がリセットされるルールもあります。

8-4-3 派遣社員

　パートや契約社員は、非正規社員でも、実際の勤務先と雇用契約を結びますが、雇用契約を結ぶ先と実際の勤務先が異なる働き方もあります。具体的には、人材派遣会社（派遣元）の社員となり、派遣元が労働者派遣契約を結んだ会社（派遣先）の指示を受けて働く**派遣社員**が挙げられます。かつては、派遣対象業務はかなり制限されていましたが、1999年以降、対象業務が拡大し、現在では、警備業務など一部を除いて、ほとんどの業務で派遣が認められています。

　派遣社員が実際に働く場所は、派遣先の企業ですが、雇用契約は派遣元と結びます（図8−4）。派遣元は、派遣社員を派遣先に派遣することの見返りとして人材派遣料を受け取り、その一部を賃金として、労働者に支払います。派遣社員は、社会保険の適用が受けられることも少なくありませんが、その場合は、派遣元で加入します。こうした仕組みによって、派遣先は、多少高い人材派遣料を支払うことになりますが、必要なときだけ必要な分だけの人材を募集・採用・教育訓練・福利厚生コストをあまりかけずに確保することができます。

　派遣先の同じ職場での派遣期間は、原則として、最長3年となっています。では、3年を超えれば、派遣先で正社員になれるのでしょうか。確かに、そのような場合、労働者派遣法により、派遣元には、その派遣社員に関して、派遣先に直接雇用を依頼するか、新たな派遣先を提供するか、派遣元が無期限で雇用するかの措置を取る義務が課されます。それゆえ、そうした可能性はゼロではありませんが、実際には、派遣先が直接雇用の依頼を受け入れるとは限りません。仮に依頼を受け入れてくれる場合でも、正社員とは限らず、契約社員など別の形の直接雇用となることも考えられます。正社員への移行を希望する派遣社員は少なくありませんが、正社員化はなかなか進まないというのが現状です。

8-4-4　多様な正社員の導入に関する議論

　ここまでの説明を聞けば、正社員になれば安泰だと思うかもしれません。また、自分が正社員になれば、非正規社員の待遇が悪くても構わないとも思うかもしれません。しかしながら、そうとも言い切れないところがあります。

図8−4　労働者派遣と直接雇用

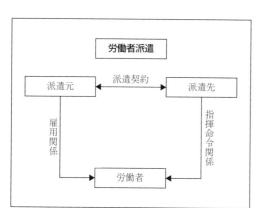
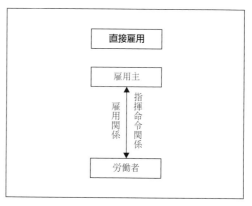

出所：厚生労働省「労働者派遣制度について」(http://www.mhlw.go.jp/seisaku/08.html) より作成。

まず、正社員と言いながら、低賃金で長時間労働であったり、昇給や賞与がなかったり、福利厚生が不十分だったりというような周辺的正社員（名ばかり正社員）が一部で存在することが指摘されています。雇用が不安定で賃金や福利厚生もさらに悪い非正規社員になるよりは、正社員になれるのであれば、劣悪な労働条件も受け入れざるを得ないと考える人がいても不思議ではありません。つまり、非正規社員の待遇の悪さが、こうした周辺的正社員を生み出す背景のひとつになっているとも考えられます。

また、日本の正社員は、雇用期間が限定されていないだけでなく、職務の内容、勤務地、労働時間なども限定されていない雇用契約を結ぶことが多くなっています。労働者がどの職務に従事するかは、雇用契約のなかでは具体的に定められておらず、基本的には使用者の命令によって決まり、それを断ることはできません。使用者の指示による転勤や残業も拒否することは困難です。労働者側から見れば、今、従事している職務や勤務地で必要な人材が減少した場合でも、別の職務や勤務地への異動で雇用が維持される可能性があるという意味で良い点もあります。しかし、単身赴任や長時間労働、配置転換などを強いられ、家族や趣味、地域活動も重視したいという希望や特定の職務のスペシャリストになりたいという希望があっても、それが叶わないかもしれません。

こうした状況の中で、多様な正社員の導入をめぐる議論が活発になっています。多様な正社員というのは、現在の正社員と非正規社員の中間に位置するような働き方で、職務、勤務地、労働時間のいずれかが雇用契約で限定された正社員のことを言います。例えば、転勤のない勤務地限定正社員、所定労働時間が短い勤務時間限定正社員、担当する職務内容が限定される職務限定正社員などが挙げられます。限定正社員は、正社員としての無期雇用契約であっても、万が一、契約で限定された職務や勤務地での仕事が無くなった場合は、いわゆる正社員に比べれば、解雇が正当と認められる可能性が高くなります。また、限定がある分、賃金や昇進などの面でも、差がつけられることになります。

しかしながら、こうした働き方が、正社員を希望する非正規社員の受け皿になれば、現在の不安定な非正規社員の待遇改善に繋がることが期待されます。一方で、いわゆる正社員で働いてきたけれども、今後は、自分の時間や住む場所を優先したいという希望がある場合、限定正社員は選択肢のひとつになります。こうした働き方はすでに多くの企業で導入されていますが、今後、ますます増えていくかもしれません。

参考文献案内

・安藤至大（2015）『これだけは知っておきたい働き方の教科書』ちくま新書

・太田聰一・橘木俊詔（2012）『労働経済学入門 新版』有斐閣

・大内伸哉・川口大司（2014）『法と経済で読みとく 雇用の世界（新版）』有斐閣

演習問題

・失業が生じる理由とその対策の必要性について、整理してみよう。

・日本的雇用慣行のメリット・デメリットについて、議論してみよう。

・限定正社員の意義と課題について、調べてみよう。

第9章　貨幣の機能と金融システム

9-1　貨幣と信用

9-1-1　貨幣

　資本主義経済の下では、市場を通じて様々な交換（取引）が行われています。この交換において重要な役割を果たしているのがお金（これを学術的に「**貨幣**」と呼びます）です。この貨幣には、重要な3つの機能があります。

　1つ目は、商品の価値を測る**価値尺度**としての機能です。価値尺度というのは、商品の価値を表示する単位としての機能を指します。日本の場合、**流通貨幣**（いわゆる通貨のこと）は「円（えん）」ですので、りんご1個150円、パソコン1台10万円、自動車1台200万円というように、商品の価値は表示されるわけです。この商品の価値を貨幣的に表現する機能がないと、市場を通じた様々な交換は成り立ちません。価値尺度としての貨幣は、市場経済を成り立たせる重要な機能なのです。

　2つ目は、交換を成立させる**流通手段**としての機能です。例として、お金（貨幣）が介在しない交換、つまり物々交換を考えてみましょう。例えば、Aさんは自分の持っているパンをBさんの持っている服と交換したいと思っています。しかし、この取引が成り立つには、BさんもAさんの持っているパンと交換したいと思っていなければなりません。BさんはAさんの持っているパンではなく、Cさんの持っているワインと交換してほしいと思っていたとしたら、AさんとBさんの取引は成立しないことになります。CさんはまたDさんの持っているチーズと交換したい、こうしたことが無限に続くと考えるとどうでしょう。物々交換がうまく成り立つことは奇跡的な出来事になってしまいます。そこで登場するのが貨幣です。貨幣はこうした交換を媒介し、取引を成立させる役割を持っています。こうした取引を成立させる機能のことを流通手段としての機能と言います。

　3つ目は、**価値を保存する機能**（価値保存機能）です。貨幣は、財やサービスのように価値を損わずに保存したり、貯蔵したりすることができます。食べ物だと痛んだり腐ったりして食べられなくなったりしますし、どんなに頑丈な機械であったとしても使用していくにしたがって時間とともに擦り減ったり、故障したりしてしまいます。その点、貨幣は価値を損なうことなく、価値を保存・蓄蔵することができます。貨幣を持っていれば、いつでもほかの商品と交換することができるのです。このように、お金の価値を保存する機能のことを、価値保存機能と呼びます。ただし、インフレーションといって貨幣に対する商品の値段（物価）が上昇することにより貨幣自体が減価する場合もありますので、まったく価値が損なわれないという意味ではないことに注意しておきましょう。

　以上のように、貨幣は、①**価値尺度**、②**流通手段**、③**価値保存**、という機能を持っています。貨幣が登場し、その使用が社会全体に広がるにしたがって、経済活動の量も飛躍的に拡大してきました。貨幣は経済活動を円滑化する役割を担っており、資本主義経済を語る上で不可欠なものなのです。

9-1-2　信用創造

前項でみたように、貨幣は資本主義システムのなかで重要な役割を果たしています。しかし、これらの貨幣は交換の数だけ必要だというわけではありません。銀行の登場によって、現在は**信用創造**という方法で、実際の交換の数よりも貨幣量を節約して支払いをすることが可能となっています。ここでは信用創造の仕組みを簡単な事例を使って見ていきましょう（図9－1参照）。

いま第1銀行が預金者から100万円のお金を預け受けたとします。第1銀行はその100万円のうち10％の10万円を支払いのために準備しておくお金（これを支払準備金とか預金準備金といいます）として残しておいて、残りの90万円をA企業に貸し付けます。A企業はその90万円をB企業との取引の返済資金に当てます。B企業はその90万円を第2銀行に預金をします。第2銀行はその90万円のうち10％の9万円を支払い準備金として残しておいて、残りの81万円を別のC企業に貸し付けます。C企業はそのお金をD企業との取引決済に使い、D企業はそれをまた別の銀行に預けていきます……。

この事例のように、預金や貸し出しが繰り返し行われると、銀行全体の預金貨幣は最初に預けられた100万円を大きく上回ることになります。**支払準備率**（銀行が支払いのための準備として手元においておく貸出額の一定の割合のこと）を10％と仮定すると、最初に預けられたお金は100万円でしたから、100万円÷0.1＝1,000万円となり、最初の100万円を除いて考えれば、900万円が新たに作られた貨幣額になります。ここで注意しておきたいのは、この900万円は実際に現金として存在するわけではないということです。あくまで支払用の貨幣として存在するに過ぎません。ですが、銀行は支払手段としての貨幣を以上のような方法で、作り出すことができるのです。この銀行による貨幣の創造のことを「**信用創造**」と呼んでいます。

ただし、銀行はいわば無限に信用創造ができるわけでありません。支払準備率をいくらにするかに

図9－1　信用創造のしくみ

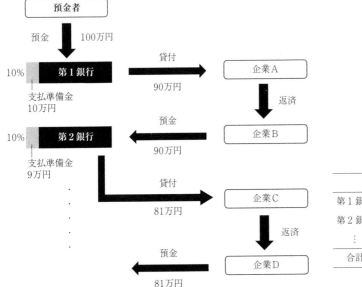

出所：全国銀行協会金融調査部編（2010）『図説　わが国の銀行』財経詳報社、23ページを参考に作成。

よって、信用創造は異なってくるのです。後で述べますが、この関係を応用して、中央銀行は金融政策のひとつの手段として支払準備率操作を行っています。

9－2 金融システム

9－2－1 金融と金融システム

金融という言葉は、資金が余っているところ（**資金余剰主体**ともいいます）から資金が不足しているところ（**資金不足主体**ともいいます）への**資金の移動のこと**を意味しています。金融は英語ではファイナンス（Finance）といいますが、このファイナンスという言葉も、カタカナ英語として資金の融通という意味で使われることが多くなっています。

そして資金が余っているところ（資金余剰主体）と資金が不足しているところ（資金不足主体）をつなぐ**制度の総体のこと**を、**金融システム**と言います。通常、金融システムは、①**金融仲介機関**（銀行が代表的）と、②**証券市場**（株式市場、債券市場など）で構成されます。この資金の移動方法によって、呼び方が異なり、図9－2にあるように、**間接金融**と**直接金融**とに分けられます。ここでは簡略化のために、資金余剰主体を「家計」、資金不足主体を「企業」として、見ていきましょう。

まず間接金融から見ていきますと、**間接金融**とは資金余剰主体と資金不足主体の間を銀行などの金融仲介機関が間に入って仲介することで、間接的に資金を移動・融通する方法です。一例を挙げますと、銀行が資金余剰主体の家計から預金というかたちで資金を集めて、銀行の責任で資金不足主体である企業に貸付ける場合がこれに相当します。資金の移動が直接ではなく、借り手と貸し手の間に銀行が介在していることから、間接金融と呼ばれるわけです。この場合、資金不足主体である企業はお金を借りて債務を負っているわけですが、債務が返済されないリスクというのは資金余剰主体の家計ではなく、銀行が負うことになります。

これに対して、資金不足主体が資金余剰主体から証券市場を通じて直接資金を移動・融通する方法を、**直接金融**といいます。具体的には、資金不足主体である企業が株式や債券などの証券を発行して、資金

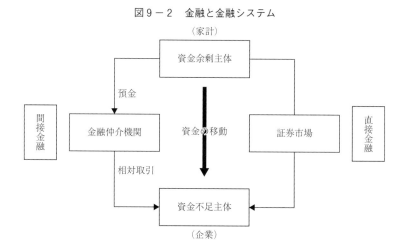

図9－2　金融と金融システム

余剰主体である家計から直接資金を調達する場合がこれに該当します。この方式は、借り手と貸し手の間に、銀行などの金融仲介機関が間接的に介在せずに、証券市場を通じて資金の融通が直接結びついているという意味で、直接金融と呼ばれます。直接金融の場合は、間接金融と違って、借り手が債務を返さないというリスク（株式の場合は、投資資金が戻らないというリスク）は、貸し手や株式投資家が負っています。直接金融は証券市場を通じて行われるので、そこには証券会社などの金融機関が介在することになりますが、それら金融機関はあくまで取引の仲介を行うにすぎません。直接金融の場合、証券会社は株式や債券に対するリスクは負っていないのです。

9-2-2　日本の金融システムの特徴

　このように金融システムをとらえると、各国によって金融システムに特徴があることが分かります。**日本の金融システムの特徴**は、長らく**間接金融方式**にあると言われてきました。それは戦後期において、企業の資金調達の面で、旧財閥や系列（企業集団）の影響力が強かったからです。第2次世界大戦後、三菱や三井、住友などといった旧財閥が**系列（企業集団）**を再組織化し、いわゆる**主力銀行（メインバンク）**がその中心となって、各産業分野にまたがる系列企業に対して長期・短期の資金供給を集中的に行っていきました。そして、株式の持ち合いや重役の派遣などを通じて、戦後、系列（企業集団）の影響力は拡大していったのです。

　こうした間接金融方式は、戦後復興期の日本において高成長を実現していくうえで非常に重要であり、有効に機能していったと言えるでしょう。同じく戦後、急速に経済成長を進めてきた西ドイツも、間接金融方式が特徴であると言われていました。これに対して、**米国の金融システム**は**直接金融方式**がメインであり、証券市場を中心とする金融システムであると言われています。

　では、現在の日本の金融システムはどうなっているのでしょうか。これを確認するひとつの方法として、資金循環表を使って資金余剰主体の代表である家計部門の資産状況をみることで、その概観を探ることができます。

　図9-3は家計部門の資産構成を示したものですが、日本の場合、家計部門は資産の半分以上（52.3%）を現金・預金として、また1/3以上を保険や投資信託として、持っていることが分かります。これは米国の現金・預金の割合（13.9%）などと比べた場合、日本の構成比が際立って大きいと言えるでしょう。つまり、家計の資金の多くが預金や保険などの形で銀行などの金融機関に流入し、金融機関はそれを貸し出しや国債など証券投資に充てているのです。ここから、日本は依然として間接金融の傾向が強いということができます。

　また、図9-4で企業（非金融法人）の負債構成を見ますと、日本では借入金の割合が比較的高い（25.3%）のに対して、米国では株式・出資金や債券など証券市場で取り扱う商品の割合が高くなっています（負債全体に占める債務証券と株式等の合計：70.1%）。もちろん日本の場合も、債務証券や株式など証券市場からの資金調達の割合は53.2%と高くなっていますが、米国と比べると相対的に低いといえます。ただし、現在の日本の企業部門は**自己金融化**（資金調達において、必要な資金を利益の内部留保によってまかなうこと）を強めており、全体として企業は資金不足主体ではなく資金余剰主体になっていることに注意する必要があります。

第9章 貨幣の機能と金融システム　81

図9−3　家計部門における資産構成の日米欧比較

日本：現金・預金(52.3%)、債務証券(1.5%)、株式等(8.6%)、投資信託(5.0%)、保険・年金・定型保証(29.8%)、その他計(2.9%)

米国：現金・預金(13.9%)、債務証券(5.1%)、投資信託(10.7%)、株式等(35.4%)、保険・年金・定型保証(32.1%)、その他計(2.8%)

ユーロエリア：現金・預金(34.5%)、債務証券(3.8%)、投資信託(8.8%)、株式等(16.3%)、保険・年金・定型保証(34.2%)、その他計(2.5%)

注：日米は2016年9月末のデータ。ユーロエリアは2016年6月末のデータ。
出所：日本銀行『資金循環の日米欧比較』（2016年12月22日）より転載。

図9−4　非金融法人企業における負債構成の日米欧比較

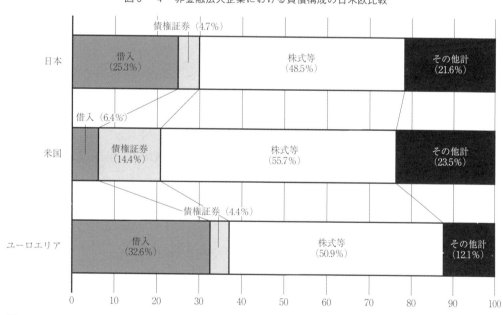

日本：借入(25.3%)、債権証券(4.7%)、株式等(48.5%)、その他計(21.6%)

米国：借入(6.4%)、債権証券(14.4%)、株式等(55.7%)、その他計(23.5%)

ユーロエリア：借入(32.6%)、債権証券(4.4%)、株式等(50.9%)、その他計(12.1%)

出所：図9−3に同じ。

82 現代日本経済演習

このように、現在の日本の金融システムを確認すると、米国と比べた場合、戦後の特徴であった間接金融方式が引き継がれていると言うことができるでしょう。ただ現在の日本企業は資金調達について自己金融を増やしていることもあるので、そのことの意味を考える必要があると言えます。

9−3　中央銀行制度

9−3−1　中央銀行の役割

　各国の**中央銀行**は、それぞれの国において金融機関の中心的存在として、その国の通貨や金融システムの管理に当たっています。日本の場合は**日本銀行**（略して**日銀**とも呼ばれます）が、米国の場合は**連邦準備制度**（Federal Reserve System）が、英国の場合は**イングランド銀行**が、中央銀行としてそれぞれ存在しています。中央銀行はどの国にも存在していますが、その設立経緯や運営方法においては、国によって異なっています。

　例えば、日本銀行は明治15年（1882年）に、日本銀行条例の制定によって設立されました。当時、日本では明治維新以降に起こった西南戦争などによって、紙幣が乱発され、通貨価値が著しく損なわれていました。そこで、通貨価値の安定と金融システムの安定を目的にして、欧州の中央銀行をモデルとして日本銀行が設立されたのです。

　また米国では、現在の中央銀行である連邦準備制度が作られたのは20世紀に入ってからでした。意外と思われるかもしれませんが、正式な中央銀行が設立されたのは、日本よりも米国のほうが遅かったのです。米国の連邦準備制度は1913年の連邦準備法によって確立されました。米国では建国当初から中央銀行の設立構想はあったのですが、連邦主義と州権主義の対立によって、長らく中央銀行の設立ができなかったのです。現在の米国の連邦準備制度では、全国を12の地域に分けてそれぞれに連邦準備銀行を設置し、それを**連邦準備制度理事会**（1935年の銀行法で設置）が監督・調整するというものになっています。

　このように中央銀行の設立経緯やその歴史は国によって様々ですが、中央銀行にはどのような役割があるのでしょうか。ここでは、①**発券銀行**、②**政府の銀行**、③**銀行の銀行**という３つの役割を中心に見ていきましょう。

　まず１つ目は、「**発券銀行**」としての役割です。中央銀行はその国の通貨を発行することができる唯一の機関です。日本の中央銀行である日銀は日本の通貨である「日本銀行券」を発行しています。みなさんが日常的に使う１万円札や５千円札、千円札にはちゃんと「日本銀行券」という文字があるはずです。中央銀行はその国の通貨の流通や発行を調整しながら、通貨価値を安定させていく役割を担っています。そのため「通貨の番人」とも呼ばれたりするのです。

　２つ目は、「**政府の銀行**」としての役割です。政府は国民から税金を集めたり国債を発行して国民から資金を借りたりしながら、財政を通じて公共事業や年金の支払いなど様々な施策を行っています。この莫大な資金を管理するのが、中央銀行の役割のひとつになります。日本の場合は、日本銀行の中に「政府預金口座」が作られ、そこで日本政府の財政が管理されています。中央銀行は政府の銀行としての役割を担っていますが、政府の機関ではありません。形式上、政府から独立した組織であり、政府の

言いなりというわけではないことに注意が必要です。

　3つ目は、「**銀行の銀行**」としての役割です。中央銀行は資金の貸し借りを円滑に行うために、市中の銀行との間で当座預金口座を通じて、銀行から預金を集めて、資金が足りない銀行に対してお金の貸し出しを行っています。なので、中央銀行は「銀行の銀行」の役割を担っていると言われるわけです。現在の日本銀行では、市中銀行間の決済が円滑に行われるように、通信回線を使った「日本銀行金融ネットワークシステム（通称、日銀ネット）」で運営されているようです。

9−3−2　日本銀行とその組織

　それでは、中央銀行はどのように組織されており、またどのように通貨価値の安定や金融システムの安定を図る政策が決定されているのでしょうか。ここでは日本銀行を事例に簡単に見ておきましょう。

　日本銀行は東京都中央区日本橋に本店があり、全国には32の支店を構え、米国や英国など海外にも事業所を構えています。日本銀行の組織の中で重要な意思決定を行うものが、**政策委員会**です。この政策委員会の役割は通貨の調整や金融システムに関する方針を決定することが主ですが、そのほかに日銀の業務の基本方針を定めたり、役員が職務をしっかりしているかを監督する権限も持っている組織です。

　日本銀行の役員は、総裁と2人の副総裁、6人の審議委員のほか、監事、理事、参与が置かれています。このうち、総裁、副総裁（2名）および**審議委員**（6名）の合計9人によって、政策委員会が構成されます。この政策委員会の会合で最も重要なのが、金融政策に関する事柄を決定する「**金融政策決定会合**」です。

　金融政策決定会合は、毎月1〜2回開催され、主に、①金融市場調節方針の決定・変更、②基準割引率、基準貸付利率および預金準備率の決定・変更、③金融政策手段（オペレーションにかかる手形や債券の種類や条件、担保の種類等）の決定・変更、④経済・金融情勢に関する基本的見解の決定・変更などが、議論されます。簡略化していえば、景気の動向を見極め、**政策金利**（日銀が市中銀行に融資する際の金利のこと）をどのように誘導し、市中に出回る資金の量（これを**マネーストック**といいます）をどのくらいにするのかを決定するのが、この会合の重要な役割です。

　2017年5月現在、日本銀行のトップは黒田東彦総裁が務めています。黒田総裁は2013年の就任以降、大胆な金融緩和政策を実施してきた人物ですが、最近では2016年1月下旬の金融政策決定会合において、日本で初めてとなる「マイナス金利」の導入で注目を集めました。

9−4　金融政策

9−4−1　二つの金融政策——金融緩和と金融引き締め

　金融政策は、金利や市中に出回る資金の量を変化させることで、景気の動向を調整する政策を指します。日本の場合、この金融政策は大きく分けて3つの手段をとることで行われてきました。第1は**公定歩合の操作**、第2は**公開市場操作**、第3は**支払準備率の操作**によるものです。

　第1の公定歩合とは、日本銀行が市中金融機関に対して行う貸し出しに適用される基準の金利のことです。1994年9月まで、公定歩合と市中金利は連動していたため、公定歩合を操作することで、景気を

調整することが可能でした。しかし金利の自由化によって、その後は公定歩合と市中金利とが連動しなくなったことから、公定歩合操作は用いられていません。

現在では、第2の手段である公開市場操作を行うことで、**短期金融市場金利**の操作を通じて、金融政策が運営されています。公開市場操作とは、中央銀行が市場において、市場価格を基準に証券（主として短期国債や長期国債）を売買することにより、市中金融機関の準備預金量や短期金融市場金利（無担保コール翌日物金利：市中の金融機関同士が無担保で翌日に返済することを約束した場合に、その資金の貸し借りにかかる金利）を変化させる政策手段のことを指します。

ここでは公開市場操作を用いた中央銀行による金融政策について、詳しく見ていきましょう。公開市場操作を用いた金融政策には、**金融緩和政策**と**金融引き締め政策**があります。

まず**金融緩和政策**とは、金利を引き下げたり、経済全体に出回る資金の量を増やしたりすることで、民間部門の企業や家計が資金を借りやすくする政策のことを言います。資金が借りやすくなれば、企業は設備投資をしやすくなりますし、家計は自動車や家電製品などの購入をしやすくなります。したがって、金融緩和政策は、**景気回復の手段**として使われるのです。

この金融緩和政策は、図9－5に示されているように、以下の順で行われます。まず、①日本銀行（中央銀行）が市中銀行から国債を購入します（これを「買いオペレーション」と呼びます）。そうすると、②国債購入の資金が日本銀行から市中銀行に流入することになります。そうなれば、③市中で取引される資金の量が多くなるので、④短期金融市場金利が低下することになります。短期金融市場金利は他の金利と連動していますので、結果的に多くの金利が低下することになるのです。⑤金利が下がり、経済全体に出回る資金の量が増えれば、企業や家計が借入をしやすくなり、消費や投資が増える要因となるのです。

次に**金融引き締め政策**とは、金利を引き上げたり、市中に出回る資金の量を減らすことで、民間部門（家計と企業）が資金を借りにくくする政策をいいます。金融引き締め政策は金融緩和策の逆ですので、通常、景気が過熱している状態を沈静化させる（**インフレ抑制**）手段としてとられる政策です。同じく図9－6を見ながら確認していきましょう。

金融引き締め策は以下の順となります。まず、①日本銀行が国債を市中銀行に売却します（これを「売りオペレーション」といいます）。そうすると、②市中銀行は国債の代金として資金を日本銀行に渡すことになるので、資金は市中銀行及び経済全体から吸収されることになります。その結果、③市中に出回る資金が少なくなるので、④短期金融市場金利が上昇し、他の金利も連動して上昇していくことになります。そうなれば、⑤企業や

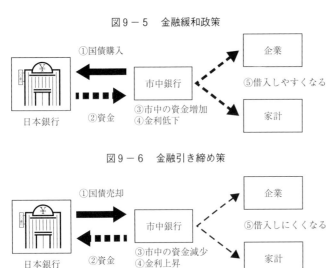

家計は借入れをしにくくなり、過熱気味だった経済状況を沈静化することにつながるのです。

　以上のような公開市場操作による金融政策以外に、第3の**支払準備率操作**による金融政策もあります。信用創造のところでみたように、市中の金融機関は保有する預金の一定割合以上の金額を中央銀行の当座預金口座に預けておく必要があります。この中央銀行に預けておく一定割合のことを支払準備率といいますが、これを上げたり下げたりすることで市中に出回る資金量（マネーストック）を変化させることができます。これを支払準備率操作と呼びますが、日本の場合、実際の金融政策でこの方法が用いられることは少なくなっています。

　このように、金融政策を行う手段としてはいくつか考えられますが、基本的には金融緩和策か、金融引き締め策のどちらかということになります。この金融政策を行うことが中央銀行の重要な役割の一つですが、いつ、どのタイミングで、どのくらいの金利や資金量を調整するのか、といった判断は非常に難しいものです。日本の場合、上で見た日本銀行の政策委員会のなかの「金融政策決定会合」で意見を出し合い、景気の動向を見極めながら政策判断が下されています。

9-4-2　現在の状況

　最後に、1980年代以降の日本の金融政策の大まかな歴史を振り返りながら、現在の状況を確認しておきましょう。図9-7は日本の金融政策に用いられる政策金利の推移を示したものです。ここでは、政策金利として、短期金融市場金利（無担保コール翌日物金利）と基準割引率および基準貸付利率（以前の公定歩合のこと）が示されています。この政策金利の動向の推移から日本の金融政策についてみていく場合、日本経済の景気の動向や世界経済との関係に留意しながら見る必要があります。

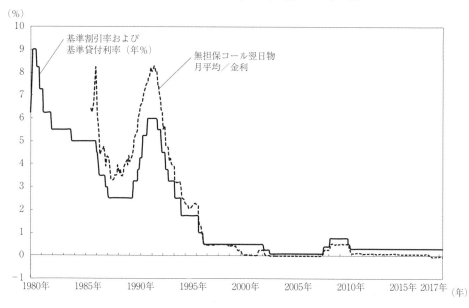

図9-7　政策金利の推移（1980年1月～2017年5月）

注：無担保コール翌日物金利とは、コール市場における無担保で翌日には返済する超短期の資金のやり取りにかかる金利のこと。
出所：日本銀行時系列統計データ＜http://www.stat-search.boj.or.jp/index.html#＞より作成。

1980年代前半は、日本経済が好調だったことに加え、米国のドル高政策が行われていたことから、日本の政策金利は比較的高めに設定されていました。ところが、1985年の「**プラザ合意**」が転機となって、一時的に「**円高不況**」が訪れます。そのため、政策金利を引き下げる金融緩和政策が行われることになりました。日銀による積極的な外国為替市場への介入（ドル買い円売り）も手伝って、日本経済には大量の資金があふれることになりました。これが株式投機や不動産投機へと向かい、1980年代後半に**バブル経済**を生み出したのでした。

1989年からは、過熱気味の景気を抑制すべく、金融政策として政策金利は引き上げられていきましたが、行き過ぎた不動産価格の高騰を抑制しようと行われた銀行への不動産融資の総量規制をきっかけとして、90年代に入るとバブル経済は崩壊することになったのでした。

バブル経済が崩壊した後は、銀行の不良債権処理が長引き、大手都市銀行や地方銀行が倒産するなど、**信用収縮**が蔓延するなかで、日本経済は長期の景気停滞に見舞われることになりました。そのため、金融政策としては金利を引き下げて景気回復を図る金融緩和政策が行われていきました。

1999年からは「ゼロ金利政策」といって超低金利で資金の供給量を調整する金融緩和政策がとられています。その後計2、3年は「ゼロ金利政策」が解除されることもありましたが、基本的にはそれは続けられ、2016年からは先に述べた「マイナス金利」へとさらに引き下げられました。それでも景気が思うように回復しないことから、現在では金融政策の誘導目標を金利水準だけではなく、市中に出回る資金供給量をベースとするものへと変わってきています。

参考文献案内
・日本銀行金融研究所編（2011）『日本銀行の機能と業務』有斐閣
・池尾和人（2010）『現代の金融入門［新版］』ちくま新書

演習問題

・貨幣の3つの機能を説明してみよう。

・「直接金融」、「間接金融」とはそれぞれどういう意味か、説明してみよう。

・中央銀行の役割はどのようなものがあるか、説明してみよう。

・金融緩和政策と金融引き締め政策の特徴を説明してみよう。

87

第10章　国の財政の現状とこれから

10－1　財政とは

　財政とは、国や地方公共団体の経済活動のことを言います。もう少し具体的に言えば、国や地方公共団体が、公共サービスの提供などのために、お金を集めて管理し、必要なお金を支払うことです。現代の財政の役割は、以下の３つに整理されます。

⑴資源配分機能

　政府は、財政を通じて、民間企業では適切に供給できない財やサービスを提供しています。警察、消防、国防などがその典型です。これらのサービスは、ある人が利用したからといって他の人が利用できなくなる訳ではありません。また、サービスの対象者から特定の人を排除することが困難です。例えば、警察を維持するためには、お金が必要になりますが、そのお金を負担した人も負担しなかった人も、警察の存在によって地域の治安が良くなるという便益を享受することができます。そうなれば、誰も積極的に警察の維持に必要なお金を負担しようとは思いません。結果として、こうしたサービスは民間企業による提供は期待できず、地域の住民から強制的に徴収される税を用いて、政府が提供するということになります。

　また、その消費が、本人だけでなく、市場を通さずに、他の人にも良い影響を与えるような財やサービスについても、政府が提供したり、政府が補助を出したりすることがあります。教育や公衆衛生などが挙げられます。例えば、教育は、そのサービスを受けた本人に便益が生じますが、それだけにとどまりません。その結果として、読み書き計算のできる人が増えれば、社会全体も恩恵を受けます（もし、読み書き計算のできない人ばかりであれば、経済活動は停滞してしまうでしょう）。一方で、社会全体が受ける恩恵分に対しては、その見返りとなる対価が本人に支払われないため、教育による便益が過小評価され、社会的に望ましい水準まで、各人は教育にお金をかけないかもしれません。そのため、政府が関与して、その利用を促進することが合理的になります。その他にも、例えば、道路や橋、公園など、社会的には必要ですが利潤の出にくい分野でも政府が財やサービスを提供しています。

⑵所得再分配機能

　市場が分配した所得を再分配することも財政の重要な機能です。市場経済のもとでは、各人の所得は、生産に対する貢献度などに応じて分配されます。そうして分配された所得では、高所得者と低所得者の間に大きな格差が生じます。また、何らかの理由で生産活動に従事できなかった場合、生活できるだけの所得が得られないかもしれません。このような所得格差や貧困は、個人の責任の問題と言い切ることはできません。また、大きな所得格差を放置すれば、社会が不安定化し、治安や秩序の悪化をもたらす

88 現代日本経済演習

ことも考えられます。それゆえに、一般的には税制と社会保障制度によって、高所得者から低所得者に所得を再分配し、貧富の格差を是正することが図られています。

税制では、個人の所得に課される所得税における**累進課税**制度が重要です。所得が高くなるにつれて税率が上がっていくため、低所得者ほど税負担が軽く、高所得者ほど税負担が重くなります。一方で、税収やそれとは別に徴収される社会保険料などを財源に、公的年金、医療保険、雇用保険、生活保護などの**社会保障**制度が運営されています。社会保障制度は、高齢者、障害者、傷病者、失業者、生活困窮者など低所得の人や低所得に陥る可能性が高い人に現金やサービスを提供しています。これらの仕組みを通じて、財政が所得再分配機能を果たしていることになります。

(3)経済安定化機能

財政に求められるもう一つの機能は、経済の安定化です。まず、財政には**自動安定化機能**が備わっています。好況のときには、所得税や（会社などの法人所得に課される）法人税などの税収が自然に増加し、個人や企業が自由に使えるお金の伸びをとどめて、企業の設備投資や個人消費を抑えます。不況のときには、税収が減少する一方で、失業者等に対する社会保障給付が行われるため、個人消費の落ち込みを最小限にとどめます。このような形で、財政には、好況時に景気が過熱しすぎないように、不況時に景気が悪くなりすぎないようにする機能があります。

さらに、より積極的に財政が景気に働きかけることもあります。例えば、不況のときに、政府が公共事業を増やしたり、所得税の税率を引き下げたりすることで、景気の回復を図るような政策（裁量的な**財政政策**）がそれに該当します。失業者が公共事業で雇用されれば、失業中よりも高い所得を得ることができ、それを消費に回すことができるようになります。また、所得税の税率が下がれば、その分だけ、個人の可処分所得が増加しますが、それが貯蓄に回らなければ、個人消費の増大に繋がります。消費の増大により、企業の生産が増え、さらにそこで雇用が増えていけば、景気は回復する方向に向かっていきます。

10−2 国の財政の現状

10−2−1 国の予算

財政には、国家財政と地方財政がありますが、以下では、国家財政に絞って説明をしていきます。

国は、財政に関して、どの分野にどの程度お金を使うのか、そして、それに必要なお金をどうやって集めるのかをあらかじめ計算しています。財政の支出を**歳出**、収入を**歳入**、そして、その歳出と歳入の見積もりを**予算**と言います。ある年度の予算は、前年度中に政府が予算案を作成し、国会での議決を経て決定します。これが当初予算です。ただし、急な経済状況の変化や大規模災害が発生した場合、それに対応する形で、年度の途中に、当初予算の内容を変更するための予算（補正予算）が組まれることもあります。

予算には、国の基本的活動を行うのに必要な歳入と歳出を処理する**一般会計**の予算、特定の事業のために、一般会計とは別枠で歳入と歳出が処理される特別会計の予算などがあります。特別会計には、年

金や労働保険の特別会計などが存在します。この中でも、中心となるのは前者ですので、以下では、平成28年度当初予算を取り上げて、その内容について見ていきます。

10-2-2 歳入と歳出

図10-1は、国の一般会計歳入額の内訳を示したものです。平成28年度当初予算での歳入総額は約97兆円です。このうち、国の歳入の基本となる税収は50兆円強となっています。国税には、様々な種類がありますが、税収の大部分は、**所得税、消費税、法人税**の３つの税から生じています。それゆえ、この３つは基幹税とも呼ばれます。なお、印紙収入は、契約書や領収書などを作成したときにかかる印紙税の支払いや各種国家試験の受験手数料の支払いなどに利用される収入印紙による収入です。

しかしながら、税収や印紙収入だけで歳入が構成されている訳ではありません。政府は、（借金の証明書に相当する）債券を発行して、それを購入してもらうことで、資金を調達しています。政府が発行する債券は**公債**（特に国が発行するものは**国債**）と呼ばれ、その公債金収入が、歳入総額の４割弱を占めているのが現状です。ちなみに、その他の収入は、租税や公債金以外の様々な収入で構成されており、例えば、国有財産の売却や貸付による収入、日本中央競馬会からの納付金などが該当しますが、税や公債金収入に比べれば、それほど大きくはありません。

図10-2は、国の一般会計歳出額の主要経費別の内訳を示したものです。歳出総額は歳入総額と等しく、約97兆円になりますが、その約４分の１は**国債費**に使われています。国債費は、国債を返済したり、その利払いをしたりするために使われる経費です。その分だけ、国が実際の政策に使える経費が少なくなります。

それ以外の歳出で最大のものは**社会保障関係費**になっています。社会保障制度の中心は、公的年金や医療保険などの社会保険です。その財源は、税とは別に徴収される社会保険料を中心としますが、国庫

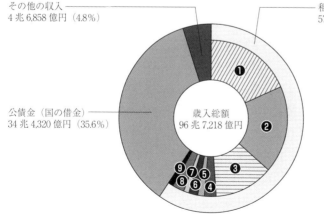

図10-1　国の一般会計歳入額　内訳（平成28年度当初予算）

出所：国税庁「財政のしくみと役割」
https://www.nta.go.jp/shiraberu/ippanjoho/gakushu/hatten/page03.htm

90 現代日本経済演習

図10-2 国の一般会計歳出額 内訳（平成28年度当初予算）

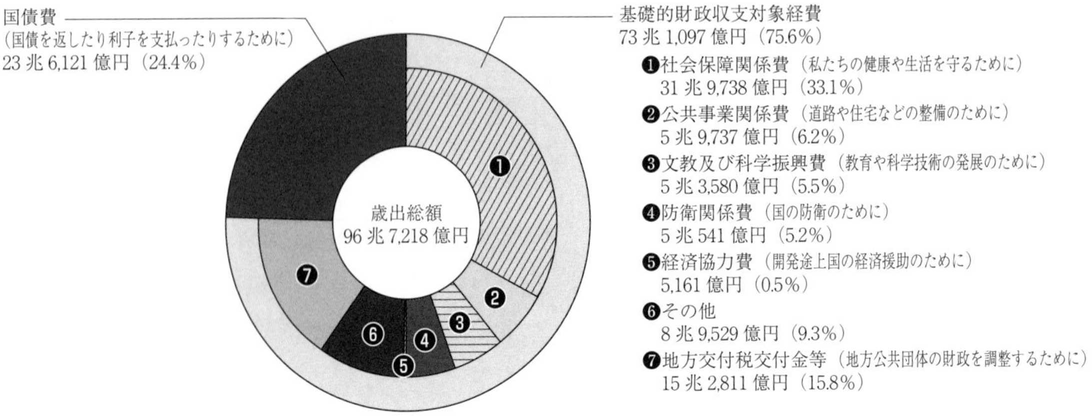

国債費
（国債を返したり利子を支払ったりするために）
23兆6,121億円（24.4%）

基礎的財政収支対象経費
73兆1,097億円（75.6%）

❶社会保障関係費（私たちの健康や生活を守るために）
31兆9,738億円（33.1%）
❷公共事業関係費（道路や住宅などの整備のために）
5兆9,737億円（6.2%）
❸文教及び科学振興費（教育や科学技術の発展のために）
5兆3,580億円（5.5%）
❹防衛関係費（国の防衛のために）
5兆541億円（5.2%）
❺経済協力費（開発途上国の経済援助のために）
5,161億円（0.5%）
❻その他
8兆9,529億円（9.3%）
❼地方交付税交付金等（地方公共団体の財政を調整するために）
15兆2,811億円（15.8%）

歳出総額
96兆7,218億円

出所：図10-1と同じ

負担という形で公費（税金や公債金）も投入されています。また、生活保護や社会福祉など、公費負担だけで運営される制度もあります。それらにかかわる経費が社会保障関係費です。

　その次に大きいものが**地方交付税交付金等**です。地方自治体の財政力には、居住者の所得や立地企業の業績などにより大きな格差が存在します。そうした格差を是正し、全国どこの地域に住んでいても、標準的な行政サービスが受けられるよう、国は、集めた税金の一部を地方自治体の財政力に応じて再配分しています。

　上記以外では、道路などの整備のために使われる**公共事業関係費**、教育や科学技術の発展のために使われる**文教及び科学振興費**、自衛隊の維持運営などに使われる**防衛関係費**などが国の主な歳出項目になります。

10-2-3 税収と歳出の推移

　図10-3では、一般会計税収、歳出総額及び公債発行額の推移が示されています。1990年代以降、歳出総額が増加する一方で、税収がほとんど増えていないことが分かります。結果として、歳出が税収を上回る**財政赤字**の状況が続いています。歳出総額が増えている理由は、少子高齢化等を背景とした社会保障関係費の伸びと公債残高の累増による国債費の伸びで説明できます。逆に、1990年度の歳出と現在の歳出を比較した場合、それ以外の主要経費はほとんど増加していません。公共事業関係費については、1990年代は景気対策として増加傾向にありましたが、2000年代に入ってからは経費の削減が進んでいます。一方で、税収が伸び悩んでいるのは、1990年代に景気対策として行われた所得税減税やその後も長引いた景気の低迷により、所得税や法人税の税収が増えていないためです。その結果として、歳出と税収の差を埋めるための公債発行に依存する度合いが高まってきました。近年、そうした傾向が若干改善されてきていますが、それでも、歳出と税収の差はかつてほど縮まっていません。

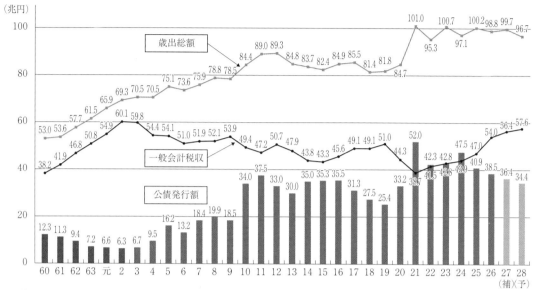

図10-3 一般会計税収、歳出総額及び公債発行額の推移

注：26年度以前は決算額、27年度は補正後予算額、28年度は予算額による。
出所：財務省「一般会計税収、歳出総額及び公債発行額の推移」
http://www.mof.go.jp/tax_policy/summary/condition/003.htm

10-3 租税

10-3-1 租税とは

　国の一般会計の歳入の原資である**租税**とは、政府がその経費を賄うために、強制的に無償で調達する貨幣のことです。無償というのは、ここでは何の対価もないという意味です。私たちは租税を払ったからといって、政府の提供するサービスに対する直接の請求権を持つわけではありません。それに対して、政府の実施する公的年金の財源となる社会保険料は、政府によって強制的に徴収されますが、それを負担することで年金の受給権が生じます。この点で、社会保険料は租税と異なります。

　租税が備えるべき望ましい条件には、**公平性、中立性、簡素性**の3つがあります。公平性は、所得や資産などでみた支払能力が同じ人には同じ税負担を求めること（水平的公平）だけでなく、支払能力が高い人には低い人よりも高い税負担を求めること（垂直的公平）も意味します。中立性とは、家計や企業の活動を歪めないような課税が望ましいということです。また、租税の内容が平易で、納税にかかわるコストも低いことが簡素性です。

　ただし、この3つを同時に達成することは難しくなっています。例えば、すべての国民に一律に定額の税金を課す人頭税は、極めて簡素な税で、経済活動にも干渉しませんが、公平性という観点からは全く支持されません。この3つのどれに重点が置かれるかは、その時々によって変わりますが、現代においては、公平性が最も重要と考えられます。実際に、人頭税を主たる財源に採用している国はありません。しかしながら、公平性を重視して、財源を累進制の強い所得税だけに頼ったり、所得税に数多の所得控除を導入したりすれば、残りの2つが損なわれるかもしれません。税制全体を通じて、この3つができる限り満たされるようにすることが求められます。

10-3-2 租税の分類

　租税は、まず、国に納める**国税**と、都道府県や市町村に納める**地方税**に分類できます。主な国税は、図10-1で示した通りですが、地方税には、個人住民税、事業税、固定資産税、地方消費税などがあります。個人住民税は、前年の所得に応じて納める部分とそれとは関係なく一定額を納める部分などを組み合わせて課税されます。事業税は、法人や個人の事業に課される税金で、事業所得などに対して課税されます。固定資産税は、土地や家屋に課税される税です。また、私たちが普段負担している消費税は、その一部は地方消費税として、地方自治体に納められています。これらの地方税は、地方自治体が提供する行政サービスに必要な経費などに充てられます。

　次に、租税は、納税義務者と担税者が同じ税である**直接税**、それが異なる税である**間接税**に分類できます。納税義務者は、税金を納める義務のある人、担税者は税金を実際に負担している人のことです。例えば、私たちがコンビニで買い物をしたときに負担する消費税は間接税のひとつであり、税を負担する人（消費者）と実際に税金を国や地方自治体に納めている人（事業者）が別になっています。また、酒税やたばこ税なども間接税の典型です。

　一方、直接税の代表が所得税です。所得税は、所得を得ている者が自ら申告して税金を納める申告納税が建前になっています。しかし、実際には、給与所得者では、会社が所得税を給与から事前に徴収し、納税する源泉徴収が行われています。これにより、国は効率的かつ確実に所得税を徴収することができています。この場合でも、会社は源泉徴収義務者として納税を代行しているだけですので、納税義務者と担税者は一致しています。

　戦後の日本では、直接税を中心とする税体系が形成され、1980年代には、国税に占める直接税と間接税等の構成比率（直間比率）は、およそ7対3となっていました。しかし、次第に、少子高齢化に対応して安定的な財源を確保することなどを目的として、間接税の比率を高める方向で見直すべきという議論が生じてきました。当時の間接税の中心であった特定の商品やサービスの消費にのみ課税される個別消費税、例えば、酒税、たばこ税、物品税（ぜいたく品の消費に対する課税）のみでそれに対応することは難しく、1989年の消費税導入に繋がっていきました。消費税は、特定の商品やサービスではなく、ほぼすべての商品やサービスの消費に課税が行われます。その結果として、間接税の比重が高まっており、現在では、国税における直間比率はほぼ5対5となっています。以下では、直接税の代表である所得税と間接税の代表である消費税の内容を概観します。

10-3-3 所得税

　所得税は、1年間に得た個人の所得に対して課税される直接税です。所得は、その性格によって、給与所得、事業所得、不動産所得など10種類に区分されていますが、ここでは、給与所得のみで考えます。

　まず、税法上、所得というのは、収入金額から必要経費を差し引いたものになります。例えば、自営業で1年間に500万円の収入があっても、その収入を得るための必要経費（原材料費など）が500万円かかっていれば、事業所得はゼロになります。ただし、企業に雇用されて働く給与所得者の場合、必要経費の算定が難しいため、その代わりに、給料や賞与の収入額から給与所得控除を差し引くことになります。給与所得控除の金額は給与収入に応じて異なりますが、最低でも65万円が認められます。

こうして求められる給与所得から各種の**所得控除**が行われます。所得控除には、すべての人に認められる38万円の基礎控除、子どもや配偶者を扶養している場合に認められる扶養控除や配偶者控除、身体障害などがある場合に認められる障害者控除などがあります。こうした控除によって、同じ所得額であっても、その人のおかれた状況によって支払能力が異なるという実態に対応します。あわせて、人が生きていくために必要な生活費には課税をしないよう調整をしています。次に、所得控除を行った後の課税所得に、税率をかけて税額が算出されます。最後に、税額から税額控除を差し引いて納税額を決めています。税額控除は、特定の団体に寄付を行った場合などに認められます。

所得税の税率の特徴は、**超過累進税率**であり、現在は、課税所得を7つの段階にわけて、その段階ごとに5％、10%、20%、23%、33%、40%、45%の税率を適用していきます。これによって、所得の高い人ほど高い税負担になるだけでなく、所得に占める所得税の割合も高くなります。このような仕組みは、垂直的公平を実現し、所得格差の縮小に寄与します。

注意しなければならないのは、所得の増加に応じて全体の所得にかける税率を上げていく単純累進税率ではないということです。例えば、課税所得195万円以下に対しては5％、195万円超330万円以下の場合は10%の税率が適用されますが、課税所得が300万円であれば、税額は300万円×10%ではなく、195万円×5％＋（300万円－195万円）×10%になります。もし単純累進税率が採用されれば、所得区分の境目近辺で不公平な逆転現象が生じてしまいます（例えば、課税所得195万円の人と196万円の人の場合、後者の方で税引き後所得が少なくなってしまいます）。

10-3-4　消費税

消費税は、消費一般に広く課税される間接税です。ほぼすべての取引で課税が行われますが、学校の授業料など、非課税となる取引も存在します。消費税は取引の各段階で課税されるため、そのままでは何重にも課税されることになってしまいます。そのため、税額を計算する際には、売上にかかる消費税額から仕入に含まれる消費税額が控除されます。具体的には、表10-1で示すような流れで、課税が行われます。前述したように、消費税を納付するのは、事業者ですが、その税金分は事業者の販売する商品の価格に含まれて、最終的には商品を購入する消費者が負担することが想定されています。

消費税の税率は、現在、一律8％になっています。このうち、1.7%分は地方消費税ですが、さらに国の分として徴収される消費税も、その約2割は地方交付税として地方に再配分されています。消費税の使い道は、すべて社会保障財源に充てられることになっており、年金、医療、介護、子ども・子育て支援の4経費に使われます。現在、8％の税率は、今後、10%（2.2%分は地方消費税）に引き上げられる予定で、その際には後述する軽減税率が導入される可能性があります。

表10-1　消費税の負担と納付の流れ（税率5％の場合）

	生産者		小売業者		消費者	
取引	売上	2,000円	売上	5,000円	支払総額	5,250円
	消費税①	100円	消費税②	250円		
			仕入	2,000円		
			消費税①	100円		
消費税	納付税額	100円	納付税額	250－100円＝150円	負担総額	250円

94 現代日本経済演習

10－4 国債

10－4－1 国債とは

　国は、税収だけでなく、国債を発行して、財源調達を行っています。国債には様々な種類がありますが、基本的には、発行時点で、年間に支払われる利息の割合を示す「**金利**」と元本の返済期限を示す「**償還期限**」が決まっています。例えば、金利1％、償還期限10年の国債を100万円分発行した場合、国は、100万円の財源を調達できますが、その代わりに、国債保有者に毎年1万円の利息を10年間支払い、10年後に100万円を返済します。

　財政法第4条では、「国の歳出は、公債又は借入金以外の歳入を以て、その財源としなければならない」という規定がありますが、但し書きで、場合によっては借金をしてもよいという規定も書かれています。それが、公共事業、具体的には、道路や空港、ダムなどの社会資本を整備する場合です。例えば、新しい社会資本を整備する際に、税収だけで賄った場合、建設時点での現役世代に負担が集中します。一方で、社会資本が整備されることによる便益は、彼らだけでなく、（負担をしていない）将来の世代にも生じます。逆に、もし建設に長い期間がかかった場合は、負担をした世代はその便益を受けられないかもしれません。こうしたことを考えれば、社会資本整備の財源の一部を、国債発行により調達して、将来の世代が負担する税収でそれを返済することが合理的と言えます。これが財政法第4条で認められる**建設国債**（4条国債とも呼ばれます）です。

　しかし、その原則からは外れて、実際には、公共事業費以外の経費を賄うための**赤字国債**（特例国債とも呼ばれます）が発行されています。この赤字国債を発行するために、政府は、1年限りの特例公債法を制定しています。戦後、赤字国債が初めて発行されたのは、1965年度でした。当時の不況を背景に、政府が借金をしてでも需要を喚起して、それによって景気を回復させるという狙いがありました。一時的に借金をしても早く景気を回復させれば、景気が好転したときに増える税収でそれを返すことができます。その後、しばらくは赤字国債の発行はありませんでしたが、石油危機後の1975年度に再び赤字国債を発行することになりました。それ以降、バブル期の数年間を除いて、毎年、赤字国債が発行されています。特に2000年代以降に新規発行されている国債の多くは赤字国債で、平成27年度当初予算では、建設国債約6兆円に対して、赤字国債が約31兆円になっています。

10－4－2 国債の保有者

　国債残高は年々増加し、現在、800兆円を超えています。では、この国債は誰が保有しているのでしょうか。つまり、誰から政府はお金を借りているのでしょうか。その答えは私たち、国民です。といっても、個人でも購入できる個人向け国債の割合は高くありません。国債の大部分は、国内の金融機関が保有しています。

　民間の銀行や保険会社は、私たちが銀行に預けた預金や保険会社に支払った保険料を原資に、資産運用を行っており、その際に、国債をその手段の一つとして購入し、収益を上げています。また、中央銀行である日本銀行も国債を保有しています。悪性のインフレーションの発生を防ぐために、日本銀行は、政府から直接的に新規発行の国債を買うことはできません。しかし、金融政策の一環として、民間の金

第 10 章　国の財政の現状とこれから　　95

融機関との間で国債の売買をしています。

　その他にも、年金積立金も国債を保有しています。公的年金の財源として私たちが負担する社会保険料は、基本的には現在の年金給付の財源としてすぐに使用されますが、過去に積み立てられていた分が残っています。その積立金の運用先の1つに国債があります。国債の保有者で海外が占める割合は1割にも満たず、このような間接的な形で、政府は国民から借金をしているということになります。

10−4−3　国債残高累積の影響

　では、国民から借金ができるのであれば、いくらでも借りて良いのでしょうか。国債発行が過度に行われ、その残高が累積していくことの問題点もいくつか指摘されています。

　第1に、**財政の硬直化**です。国債の利払いや返済のための支出が増加すれば、教育や福祉などに必要な支出を圧迫し、財政が本来の役割を果たせなくなる恐れがあります。

　第2に、金利上昇の懸念です。財政赤字が拡大し、政府に対する信用が落ちた場合、市場で売買される国債の価格が下落する可能性もあります。国債に限らず債券は、償還期限が来る前に売買することができます。売買される債券の価格は変動しますが、債券価格が下落した場合、実際の収益率を示す**利回り**は上昇します。例えば、金利1％で1年後に償還される100万円の債券を99万円で購入することができれば、1年間で1万円の利息を受け取り、さらに100万円を返済してもらえます。99万円が1年間で101万円になるので、利回りは2.02％になります。もし98万円で購入できれば、さらに利回りは上昇します。

　もし際限なく借金を続けた結果として、国債の利回りが高くなれば、住宅ローンや企業向け貸出の金利が上昇していきます。政府は、その信用が落ちたとしても、お金の貸し手からすれば、家計や企業に比べて、最も債務返済能力の高い借り手になります。そのため、家計や企業に貸し出すときの金利は、国債の利回りを上回る形で決まります。住宅ローンや企業向け貸出の金利が上昇すれば、設備投資や住宅購入にブレーキがかかり、景気にマイナスの影響を与える恐れがあります。ただし、実際には、現時点では国債の利回りは低位で安定しています。

10−5　消費税増税

10−5−1　消費税増税の背景

　1989年4月に税率3％で導入された消費税は、1997年4月に5％の税率に引き上げられました。その後、民主党政権下で更なる増税の提案が行われ、2012年の国会で**消費税増税**が決定し、2014年4月から8％に引き上げられました。その後、2015年10月には10％へ引き上げられる予定でしたが、自民党政権下で延期と再延期が決まり、現時点では、2019年10月から10％に引き上げられる予定となっています。

　このような5％から8％、さらに10％への消費税増税が行われる背景として、政府の財政状況と社会保障の維持・拡充の2点が挙げられます。

　すでに見てきたように、1990年代以降、国の一般会計の税収と歳出の差が大きくなっており、それに伴って、歳入に占める公債金収入の割合（**公債依存度**）も高くなっています。さらに、国債残高も一貫して増え続けており、その債務残高は、他の先進諸国と比べても、極めて高い数値を示しています。こ

うした厳しい財政状況を再建するための一助として、増税が提案されたという経緯があります。

　また、国の一般会計の歳出のなかで最大の位置を占める社会保障関係費が一貫して増加しています。社会保障については、一定の効率化が必要だとしても、それを大幅に削減することは現実的ではなく、制度の維持を図っていく必要があります。また、少子化、非正規雇用の増加、貧困問題の広がりにあわせて、特に現役世代を対象とする社会保障など、むしろ機能強化が求められている部分があります。増税が提案された背景には、こうした社会保障の維持・強化を図るための財源としての期待もあります。

　以上の２点は、増税が行われた背景を説明していますが、様々な税の中でなぜ消費税が選ばれたのでしょうか。

　まず、他の基幹税である所得税や法人税の増税が難しいという背景があります。所得税は、主に働いている現役世代が負担します。しかしながら、少子高齢化により、そうした世代は減少することが予想されており、所得税の増税での財源確保は難しくなっていきます。また、所得税の税率を大きく上げた場合、勤労意欲を阻害したり、高所得者の海外移住を促したりといったマイナスを生む可能性もあります。一方、法人税については、グローバル化などを背景に、世界的に税率を引き下げる傾向にあります。そのようななかで、諸外国に比べて高いと指摘されている法人税を増税しようとした場合、国内生産拠点の海外移転がさらに進み、国内の雇用が減少したり、企業負担の増加により、海外企業の誘致などが停滞したりといったことが懸念されています。

　次に、消費税が選ばれた積極的な理由として、税収の安定性が挙げられます。景気が悪くなれば、個人や法人の所得が大きく減るため、所得税や法人税の税収も大きく減少します。それに対して、景気が悪くなったとしても、私たちは日常生活を営むために、消費を大きく減らすことはできません。それゆえ、消費税は、景気動向にかかわらず、比較的安定的な税収が期待できます。また、消費税は、負担が現役世代に偏る所得税に比べて、広く高齢者も負担します。その意味で、世代間で公平な税であり、増税対象として適切であるとの指摘もあります（実際には、消費税増税により物価が上昇した場合、高齢者に支給される年金額が増額されるため、高齢者の負担増は一部相殺されます）。

10-5-2　なぜ増税に対する反対が大きいのか

　では、なぜこの増税に対する反対が大きいのでしょうか。

　１つは、景気への影響です。増税と景気の関係については様々な説明があり、必ずしも影響は大きくないという指摘もありますが、一般的には、消費税増税によって、景気が悪くなることが懸念されています。その理由の第１は、増税前の駆け込み需要の反動です。増税が決まっている場合、多くの消費者が、増税前に、つまり、増税後よりも価格が安いうちに、商品を購入しておこうと考えます。住宅や耐久消費財の購入、日用品の買いだめなどが行われれば、その分だけ、増税後に消費は落ち込み、景気に影響を与えます。ただし、このマイナスは駆け込み需要のプラスとならして見る必要があります。

　理由の第２は、家計負担の増加による消費の抑制です。消費税率の上昇により、税込みの物価が上がった場合、増税前と同じ消費行動をとれば、家計の負担は増加します。もし、名目的な所得がほとんど変わらなければ、家計負担が増加する分だけ、実質的な所得が減少します。これにより、消費が抑制され、景気に影響を与えます。

増税に対する反対が大きい理由のもう1つは、**逆進性**の問題です。所得が高くなれば、消費額も多くなるので、高所得者の方が消費税の負担額は高くなります。しかし、その一方で、所得に占める消費税負担額の割合で見た場合、低所得者の方がその負担は重くなります。その理由は以下の通りです。まず、所得が低ければ、そのほぼ全額を消費に回さなければ生活ができませんが、所得が高くなれば、消費に回す割合は減らしても生活ができます。これにより、所得が高い人ほど、所得に占める消費の割合は低下していきます。その結果として、高所得者ほど、所得に占める消費税負担額の割合も下落することになります。これが逆進性です。一生涯で見れば逆進性はあまり観察されないという説もありますが、現実的には消費税は逆進的な税になっています。それゆえ、低所得者への影響が大きいという理由から消費税増税に反対する声があります。

消費税を増税する際に、この逆進性の問題を緩和する方法はいくつか考えられます。8％に増税する際には、簡素な給付措置として、低所得者を対象に一時金を支給しています。そして、今後、10％に増税する際の実施が有力視されているのが、**軽減税率**です。低所得者ほど消費額全体に占める生活必需品の消費額の割合が高いことに着目して、生活必需品（特に食料品）の税率を軽減するというものです。例えば、（酒類・外食を除く）食料品については消費税率を8％に据え置き、それ以外の税率を10％に引き上げるという提案があります。これによって、低所得者の消費税負担割合を軽減させ、同時に、増税に伴う痛税感・負担感を緩和するという効果が期待されています。

しかしながら、高所得者の方が所得に占める食料品の消費額の割合が低くても、低所得者に比べて食料品の消費額自体は多くなります。軽減税率は、所得にかかわらず一律に適用されますので、結果として、消費税の負担軽減額で見た場合、高所得者ほどその恩恵を受けます。それゆえに、軽減税率は低所得者対策としては有効ではないとの指摘があります。また、軽減税率を導入すれば、すべてを10％に引き上げた場合に比べて税収が減少します。その分の歳入を別のところで確保するか、それができないならば歳出を削減しなければなりません。その他にも、外食と食料品の線引きの難しさなどの実務的な問題点なども考えられます。さらに、一度導入してしまえば、他の生活必需品にも軽減税率を導入するよう求める声があがり、それに応じて様々な商品を対象に含めれば、非常に複雑な税になってしまうかもしれません。こうしたことを考えれば、軽減税率の導入が本当に望ましいのかどうか慎重に議論する必要があります。

参考文献案内

・神野直彦（2007）『財政のしくみがわかる本』岩波ジュニア新書

・上村敏之（2013）『消費増税は本当に必要なのか？』光文社新書

・植田和弘・諸富徹（2016）『テキストブック現代財政学』有斐閣

演習問題

・財政の3つの役割を説明してみよう。

・国の一般会計の主な歳出と歳入について、整理してみよう。

・消費税増税の是非について、議論してみよう。

第11章 暮らしを支える社会保障

11−1 社会保障とは

11−1−1 リスクと社会保障

　私たちの日々の生活には様々なリスクがつきまとっています。リスクとは、簡単に言えば、損害を受けたり、出費が増えたり、危険な状態に陥ったりする可能性のことです。例えば、今は健康であっても、近いうちに重い病気に罹って、多くの治療費が必要になり、働くこともできなくなるかもしれません。

　このようなリスクの中でも、病気や怪我、老齢、障害、死亡、要介護、失業、労働災害などが現実のものとなった場合、生活が困窮したり、生活の安定が失われたりする恐れがあります。そうしたときに、国や地方自治体が関与して、私たちの生活を支える給付、例えば、現金、医療や福祉サービスなどを提供する制度を**社会保障**と言います。

　また、これらのリスクの発生確率を抑えるための事業、例えば、公衆衛生、疾病予防や健康づくりなども社会保障に含まれます。さらには、リスクとは言い難いかもしれませんが、子育てに伴う負担が生じたときにそれを軽減するような支援策も社会保障の一部とされています。

11−1−2 社会保障の保障方法

　社会保障のなかでも、保険の技術を用いて、（税とは異なる）保険料を主な財源として給付を行う方法を**社会保険**と呼びます。日本の社会保険には、**公的年金、医療保険、雇用保険、労働者災害補償保険、介護保険**の５つがあります。一定年齢に達したり、企業で働くようになったりすれば、自分の意思とは無関係に、これらの制度に加入することになります。

　その代わりに、万が一、失業した場合には、一定期間にわたって、雇用保険から現金給付を受け取ることができます。高齢や障害、死亡の状態に至った場合には、本人やその遺族に対して、公的年金から現金給付が行われます。医療保険に加入している国民は、病気や怪我で治療が必要になった場合に、少ない費用負担で医療サービスを受けることができます。もし、仕事中の事故で怪我をした場合には、現金給付や医療サービスが労働者災害補償保険から提供されます。老後に介護が必要になった場合は、介護保険によって、少ない費用負担で介護サービスを受けることができます。

　原則として、本人が事前に**社会保険料**を納付していることが、以上のような給付を受ける前提条件になっています。負担の見返りとして給付を受けとるという関係性があるために、権利性がより強くなり、国民の理解も得やすいと考えられます。それゆえに、多くの国で、社会保険が社会保障の中心的な仕組みになっています。ただし、本人が保険料を払っていなくても、親が払っている保険料で子どもが医療保険を利用できたり、事業主だけが納付する保険料で労働者が労働者災害補償保険を利用できたりといったこともあります。

第 11 章　暮らしを支える社会保障　99

　一方で、保険の技術を用いずに租税を中心に公費を財源として給付を行う方法を**社会扶助**と呼びます。そのなかでも、所得や資産、働く能力、家族の援助などの状況を調査し、それらを活用しても、国の定める基準以下の貧困状態にある人に対して、現金や医療などを給付する方法が公的扶助です。日本では、**生活保護**がこれに該当します。それ以外の社会扶助としては、生活上の特別の出費（児童養育費など）に対する補助的な現金給付を行う社会手当、高齢者、障害者や児童などケアが必要な人々に対して、自立を支援するような福祉サービスを提供する社会福祉などがあります。

11－2　社会保障の機能とその規模

11－2－1　社会保障の機能と意義

　前節で見たような社会保障には、いくつかの機能と意義があります。

　1つは、貧困の救済と予防です。特に公的扶助には、その給付を通じて、すべての国民に最低限度の生活を保障し、人々を生活苦から解放するという機能があります。また、特に社会保険は、老後、失業、病気や怪我などの場合に必要な給付を行って、人々の生活水準がそれ以前と比べて大きく低下しないよう、生活を安定させる機能を有しています。

　2つは、所得の再分配です。政府は、市場経済の下でいったん分配された各個人の所得から税金や保険料を強制的に徴収する一方で、社会保障の各制度を通じて各個人に様々な給付を行っています。その結果として、高所得者から低所得者へ所得が再分配されています。また、同じような所得の人の間でも、生活上のリスクが現に生じた人と生じなかった人の間で所得再分配が行われます。

　3つは、経済の安定です。社会保障には、景気の変動に対して逆方向に安定化させるよう働く機能があると言われています。好況期には、税や保険料の徴収が増加し、景気の過熱を抑える一方で、不況期には、失業者に対する社会保障の給付が増加し、消費の更なる落ち込みとそれに伴う不況の深刻化を防いでいます。また、所得の低い人ほど、所得が増えたときにそこから消費にまわす割合が大きくなるため、社会保障による所得再分配は、社会全体の消費性向を高め、需要不足の緩和にも貢献します。さらに、医療による労働能力の回復、保育の提供による女性の就労促進なども、労働力の確保という点で経済にプラスの影響を与えると考えられます。

　4つは、社会の不安定化への対応です。生活に困窮する人の増加や貧富の差の過度な拡大は社会不安を増大させます。特に、両大戦間期あるいは第2次世界大戦後に生じた大量の失業貧困者の存在は、社会の秩序や安定を揺るがすほど大きなものでした。歴史的には、社会保障はこうした状況下で社会を安定化させるために登場したという側面があります。現在でも、最低生活を保障したり、貧困に陥ることを防いだり、所得格差を縮小したりする社会保障は、社会の不安定化を抑える制度として機能しています。

　社会保障にはこうした機能が期待される一方で、経済に悪影響を与えるという指摘もあります。例えば、あまりにも高い給付が行われれば、勤労意欲を阻害してしまうかもしれません。また、社会保障の充実のために、税率や保険料率を際限なく上げれば、企業の生産コストを増加させ、国内での企業活動を停滞させてしまうかもしれません。

11−2−2 社会保障の規模

　社会保障の財政的な規模を図る指標として、**社会保障給付費**があります。社会保障から行われる現金給付やサービス給付に係る費用を総計したものです。2014年度の社会保障給付費は112兆円に達し、これはGDPの22.90%に相当します。この社会保障給付費を大まかな部門別に見た場合（図11−1）、年金で約54兆円、医療で約36兆円、福祉その他で約21兆円となっており、およそ半分が年金の給付費です。年金の給付費はほとんどが高齢者に向けられていますが、医療や福祉その他も高齢者に対する給付が多く、高齢者関係の社会保障給付費は、社会保障給付費全体の67.9%を占めています。

　この100兆円を超えるお金は天から降ってくる訳ではなく、誰かが負担していることも忘れてはなりません。具体的には、社会保険の加入者である被保険者やその雇用主の保険料拠出、税金や公債金など国や地方自治体による公費負担の2つが社会保障の主な財源になっています。その他にも、公的年金が保有している積立金からの利子や配当金などの資産収入も社会保障の財源として活用されています。

　50年前はGDPの4%程度であった社会保障は、その後の制度の充実や人口高齢化などを背景に規模を拡大させ、現在では、私たちの暮らしはもちろんのこと、日本の経済や政治にも大きな影響を与える巨大な制度になっています。さらに、厚生労働省の将来推計によれば、社会保障給付費は2025年度には約150兆円、GDPの24.4%に達するなど今後も拡大していくことが予想されています。

　ちなみに、社会保障の規模について諸外国と比較する場合は、OECDの社会支出が使われます。社

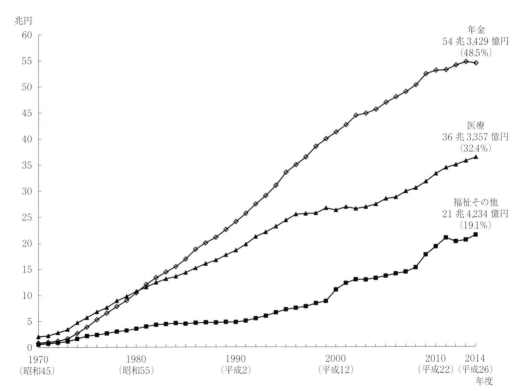

図11−1　部門別社会保障給付費の推移

出所：国立社会保障・人口問題研究所『平成26年度 社会保障費用統計』11ページ。

第 11 章　暮らしを支える社会保障　101

会保障給付費とほぼ同じものですが、若干範囲が異なります。日本の社会支出を対GDP比でみた場合、イギリスと同水準にありますが、大陸ヨーロッパ諸国に比べると小さくなっています。政策分野別では、家族、障害、失業、住宅といった分野での社会支出が少ないところに日本の特徴があります。

11－3　公的年金

11－3－1　公的年金の概要

　社会保障のなかでも最大の規模を有する制度が公的年金です。**年金**という言葉自体は、定期的かつ長期間にわたって支給される金銭、あるいは、年を単位として支給される金銭と定義されます。そして、この年金を支給するための仕組みが年金制度ですが、これを略して年金と呼ぶこともあります。この年金制度は、金融機関等が実施運営し、加入が任意である私的年金、そして、社会保障の一環として、政府が実施運営し、一定の条件に合致した者を強制的に加入させる公的年金に分類されます。日本の公的年金は、原則として、社会保険の方法を用いていますので、年金保険という用語も使われます。

　公的年金の加入者には、年金保険料を納付する義務が生じますが、それによって、一定年齢に到達した際には**老齢年金**を受け取る権利が生まれます。また、本人が障害の状態に至った際には**障害年金**が支給され、本人が死亡した際には遺族に**遺族年金**が支給されます。高齢、障害、生計維持者の死亡に直面した者は、長期的に所得を獲得する能力（稼得能力）や所得そのものを喪失することが一般的です。公的年金は、それに対応した現金給付を行っていると言えます。

11－3－2　公的年金の必要性

　公的年金には、老齢年金、障害年金、遺族年金の３つの給付がありますが、そのなかでも中心となるのは老齢年金です。公的年金は、高齢者が老後の生活を営めるように現金給付を行っていますが、老後の生活費を確保する方法は他にも考えられます。なぜ、公的年金が必要なのでしょうか。

　就労をすることの難しい高齢者が公的年金以外の方法で老後の生活費を確保しようとした場合、まず考えられるのは、息子や娘などの家族が高齢者と同居して、あるいは仕送りで、老親の生活費を支えるという方法です。

　しかしながら、各国の平均寿命は延び続けており、長期にわたる老後の生活費を家族だけで支えることは困難になっています。また、家族扶養の場合、老親の寿命の長短によって同居や仕送りの期間が大きく変動するため、支える側は自分たちの生活設計を計画的に立てることができなくなります。さらに、都市化と核家族化の進展、兄弟姉妹の減少とともに、家族の扶養能力自体も低下しています。

　次に考えられるのは、働いている間に自ら貯蓄をし、老後にそれを取り崩して生活費に充てるという方法です。この手段にもいくつかの限界が存在します。

　第１に、寿命の不確実性に対応ができないことです。私たちは、自分が何歳まで生きるかは分かりません。それゆえに、老後、死ぬまでの間に、いくら生活費が必要になるのかを事前に予測することはできず、老後のための貯蓄を計画的に行うことは不可能です。仮に、平均寿命まで生きると想定して、その間に必要な生活費を貯蓄で用意したとしても、その年齢より長生きした場合は貯蓄が底をついてしま

います。そうならないように、平均寿命を超えて長生きすることを想定して貯蓄を行うのであれば、現役期の所得から消費に回す部分を大きく減らさなければなりません。

第2に、将来の経済状況の不確実性に対応できないことです。老後の生活にとって大事なものは、金銭そのものよりも、その時点で購入できる財やサービスの量です。それゆえ、将来の物価水準が重要になります。しかし、私たちは自分が老後を迎える何十年も先の物価の状況を正確に予測することはできません。現在の物価水準を前提に、老後のために潤沢な貯蓄をしていたとしても、将来の物価水準が上昇していれば、その貯蓄の価値は下がります。その結果、老後の生活に必要な財やサービスの購入が十分にできなくなります。

第3に、人間の近視眼的な行動が挙げられます。私たちは、将来よりも今を優先する傾向があります。老後の生活費が必要だと分かっていても、目の前の消費を優先し、将来のための貯蓄を軽視してしまうかもしれません。そのため、老後の生活費の確保を、個人の貯蓄に任せた場合、老後の備えが不十分になる恐れがあります。高齢期になってから、そのことに気が付いたとしても、現役期に戻って貯蓄をやり直すことはできません。

家族による扶養や個人による貯蓄以外にも、民間の金融機関などが販売する私的年金に加入し、働けるときに保険料を保険会社に支払い、老後に年金を受け取るという方法も考えられます。この方法であれば、保険を通じて、短命であった者から長命であった者への再分配が行われ、貯蓄で備える場合の大きな問題であった寿命の不確実性への対応が可能となります。しかしながら、私的年金には、以下のような限界があります。第1に、低所得者は、私的年金の保険料を払うことができません。第2に、将来発生するリスクを軽視する近視眼的な個人は私的年金にも加入しないかもしれません。第3に、私的年金では、後述する積立方式という財政方式を取りますが、この場合、インフレや低金利に脆弱です。第4に、私的年金では運営者である民間企業が潰れてしまう可能性もあります。

このように、私的な手段で老後の生活費を確保することは極めて難しくなっています。こうした状況に対して、政府が公的扶助によって国民の老後の生活費を保障するという方法も考えられます。しかし、歴史的に見た場合、公的扶助の前身である救貧制度に存在していたスティグマ（汚名）や公的扶助に必須である様々な調査ゆえに、公的扶助には受給に対する抵抗感が伴いやすくなっています。もし、この方法だけであれば、貧困状態であっても、公的扶助を受給しない高齢貧困層を多く生むことになるでしょう。逆に、現役期に老後に対する備えを意図的に回避して、公的扶助の給付を受け取って生活しようとする者が増加する可能性もあります。そうなれば、そうした行動をとった者と現役期に消費を抑制して老後の備えを行ってきた者との間に不公平が生じます。公的扶助だけでなく公的年金を作り、その財源となる保険料や税を強制的に徴収し、すべての人に老後のための備えを強制すれば、このような不公平の発生を緩和することができます。

公的年金以外の手段には、老後の生活費を確保する方法として、大きな問題点や限界が認められます。それゆえ、高齢期に私たちが生活に困窮することを防ぐための手段として、政府によって、公的年金が導入されてきました。その公的年金の主な特徴は以下の4点です。第1に、**強制加入**であり、公的年金は、法律によって年金制度への加入を強制することができます。第2に、**終身給付**であり、公的年金は受給者が死亡するまで年金を支給します。第3に、**スライド制**が挙げられ、公的年金では、物価や賃金

の変動に応じて、支給される年金額を変動させることができます。第4に、**所得再分配機能**であり、公的年金では、高所得者の負担する保険料あるいは税を用いることで、現役期に低所得であった者に対する保険料負担の軽減や年金給付額の増額などが行われます。ただし、公的年金が存在したとしても、それ以外の手段が完全に不要になる訳ではなく、老後の生活費を確保するための補足的手段としての意義は残ります。

公的年金には、以上のような必要性が認められ、現に、各国で導入されています。また、厚生労働省『平成24年国民生活基礎調査』によれば、日本の高齢者世帯では、1世帯当たり平均所得金額の約7割が公的年金によるものであり、実際に、公的年金が必要不可欠の生活基盤となっています。もし、このような状況下で、公的年金が廃止されれば、現在の高齢者の生活は立ち行かなくなります。その結果、家族の仕送りや生活保護で対応せざるを得ず、公的年金に対する私たちの負担が無くなったとしても、別の手段での負担が増加することになります。

11-3-3 公的年金の体系

日本では1985年の年金改正以降、公的年金は2階建ての構造になっています（図11-2）。

1階部分に相当するのが**国民年金**であり、原則として20歳以上60歳未満のすべての住民が加入します。老齢、障害、死亡の際には、それぞれに対応した定額の**基礎年金**という年金が支給されます。この国民年金の存在により、すべての国民が公的年金に加入するという意味での国民皆年金が達成されています。一方、2階部分に相当するのが**厚生年金保険**です。雇われて働く人は、原則として、国民年金に加入すると同時に、厚生年金保険にも加入します。そして、老齢、障害、死亡の際には、基礎年金に加えて、就労時の所得に比例した給付額の厚生年金という年金が支給されます。雇われて働く人の場合、定年退職のない自営業者よりも、公的年金の必要性が高いことが、2つの年金が用意される根拠になっていま

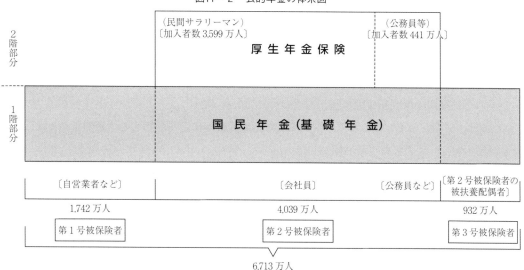

図11-2　公的年金の体系図

注：数値は平成27年3月末
出所：厚生労働省「公的年金制度の概要」
http://www.mhlw.go.jp/stf/seisakunitsuite/bunya/nenkin/nenkin/zaisei01/

104 　現代日本経済演習

す。国民年金と厚生年金保険はともに政府が管掌しており、その事業の実施運営主体である保険者は中央政府（国）です。ただし、実際の管理運営業務の多くは、公法人の**日本年金機構**が国からの委任・委託を受けて実施しています。

11-3-4　公的年金の保険料

　民間企業労働者など厚生年金に加入する被保険者は、給与や賞与に一定の率を掛けた額を厚生年金保険料として納付します。2016年の保険料率は約18％ですが、その半分は事業主が負担します。残り半分は本人の給与や賞与から天引きで徴収されます。

　一方、国民年金には、原則として、20歳以上60歳未満の日本に住所のある人すべてが加入しますが、被保険者は、働き方によって、3つの区分に分類されます。

　まず、厚生年金の被保険者は、国民年金に第2号被保険者として加入します。第2号被保険者は国民年金の被保険者ですが、厚生年金保険料の一部が国民年金の財政に回るため、国民年金保険料を納付する必要はありません。次に、第2号被保険者に扶養されている配偶者が第3号被保険者になります。配偶者に収入があっても、年収130万円未満であれば、扶養されているとみなされます。第3号被保険者には保険料負担は求められず、その負担は、厚生年金の被保険者全体の保険料拠出で賄われます。最後に、第2号被保険者でも第3号被保険者でもない人が第1号被保険者です。具体的には、自営業者、フリーター、失業者、大学生などが該当します。第1号被保険者は、定額の国民年金保険料（2016年で約1.6万円）を納付します。

　この定額の保険料は低所得者ほど重い負担となるため、申請によって保険料の全部または一部が免除されることもあります。また、学生の場合、特別な納付猶予の仕組みが設けられています。保険料を納付するにせよ、免除猶予するにせよ、その手続きは自分で行います。その過程で**保険料滞納**が発生しています。ただし、多くの被保険者は、厚生年金を通じて保険料を負担しているため、保険料を全く支払っていない未納者が国民年金被保険者全体に占める割合は5％程度です。

11-3-5　公的年金の年金給付

　公的年金の被保険者が保険料を一定期間納付していれば、老後に老齢年金を受給することができます。保険料納付した期間や保険料免除や猶予を受けていた期間が25年以上（2017年8月から10年以上に短縮の予定）あれば、65歳から死亡するまで、国民年金から**老齢基礎年金**を受給することができます。老齢基礎年金の年金額は、保険料納付済期間が40年の場合、満額（2016年で年額80万円弱）となります。ただし、保険料を納付した期間が短ければ、それに応じて年金額が減額されます。また、厚生年金保険にも加入していた被保険者には、老齢基礎年金に上乗せされて**老齢厚生年金**が支給されます。老齢厚生年金の年金額は、厚生年金保険加入時の給与等の額や加入していた期間の長さによって決まります。給与等が高かった人や被保険者期間が長かった人ほど多く保険料を納付しているため、年金額も多くなります。なお、物価や賃金が上昇（下落）したときには、年金額が上昇（下落）する仕組みもあります。

　現在、夫が男性の平均的な賃金を得ながら厚生年金と国民年金に40年間加入し、妻が専業主婦等で国民年金に40年間加入している世帯が受け取る年金額（＝モデル年金）は約22万円、現役男性労働者の平

第11章　暮らしを支える社会保障　105

均手取り賃金に対する割合（＝所得代替率）は、6割程度になっています。

11-3-6　公的年金の財政

　公的年金の給付を行うためには財源が必要です。日本を含め多くの国では、制度加入者等の負担する保険料を主な財源として、過去の保険料納付を条件に年金給付を行っています。このような社会保険の方法では、低所得者を中心に、保険料を納付しなかった（できなかった）者には給付がなされず、無年金者が生じやすくなります。日本の公的年金では、これを避けるために、国民年金保険料の免除や猶予の仕組みを取り入れています。

　また、社会保険の公的年金では、徴収した保険料をどのような形で年金給付の財源とするのかも重要です。1つは、徴収した保険料を積み立てておき、その積立金と運用収入を将来の年金給付の財源とする財政方式であり、これを**積立方式**と言います。もう1つは、徴収した保険料をその時点で支給される年金給付の財源とする財政方式であり、これを**賦課方式**と言います。賦課方式では、現在の現役世代が高齢者になったときの年金給付は、将来の現役世代が負担する保険料によって賄われます。このように、現役世代が年金制度を通じて高齢世代を支える世代間扶養を繰り返していく仕組みです。

　現在、日本でも、他国でも、公的年金は原則として賦課方式で運営されています。その理由はいくつか存在しますが、1つは、賦課方式の方が年金の実質的な価値の維持という点に強みがあったからです。特に過去の高度成長期のようなインフレや賃金上昇が生じた場合、それに応じた年金額の引上げをしなければ、年金で購入できる財・サービスの量や賃金と比べた場合の年金の価値が大きく低下し、老後生活費の基本的部分を保障するという公的年金の役割が果たせなくなります。しかしながら、事前に積み立てられた積立金の範囲内で給付を行う積立方式では、これらの引上げの財源を確保することは困難です。それに対して、現役世代から徴収する保険料をその時点での給付に充てる賦課方式では、保険料収入の増加によって、その財源を確保することができます。一般に保険料は賃金に保険料率を掛けたものが徴収されるため、年金額の引上げが必要になるような経済状況であれば、現役世代の保険料収入を増やすことができます。

　なお、日本の公的年金は、過去に徴収した保険料の一部を積み立てています。国民年金と厚生年金保険をあわせて約130兆円（2013年度末）の積立金を保有し、その運用収入や取り崩しも年金給付の財源に充てています。積立金は、**年金積立金管理運用独立行政法人**（GPIF）によって管理され、債券や株式を中心に資産運用が行われています。しかし、毎年度の年金給付に必要な財源のうち、積立金の活用によって賄われる部分は少なく、大部分がその時点の保険料収入で賄われています。また、今後の少子高齢化の進展にあわせて、将来的に積立金は1年分の給付費を残して取り崩すことになっており、日本の公的年金も実質的には賦課方式で運営されていると言えます。

11-3-7　年金改革

　公的年金はどのような財政方式で運営されていても、少子高齢化の影響を受けます。特に、賦課方式では、保険料を負担する現役世代が減少し、年金を受給する高齢者世代が増加するため、他の条件が変わらなければ、公的年金の総収入が減少、総支出が増加する結果、公的年金の財政問題として、マイナ

106 現代日本経済演習

スの影響がより明示的に現れます。こうした財政問題に対しては、厚生年金の支給開始年齢の引上げや給付水準の削減などの対応も行われましたが、基本的には、1人あたりの保険料水準の引上げという負担の増加によって対応がなされてきました。しかし、こうした対応では保険料が際限なく上がっていくのではないかという懸念が生じるようになっていきます。そこで、2004年に年金改正を行い、将来の保険料の上限を法律で明記しました。例えば、厚生年金保険料の料率は段階的に引き上げられていますが、2017年9月以降は18.3%に固定されます。また、この改正では、基礎年金に対する国庫負担も、従来の3分の1から2分の1に引き上げることも決めました。

そして、これらの負担の範囲内で年金財政の収支均衡を達成すべく、給付水準を徐々に引き下げていくことになりました。この引下げの方法は少し複雑ですが、極めて簡潔に言えば、従来に比べて、物価や賃金が上昇したときの年金額の上げ幅を低下させます。その結果、年金の名目的な金額は増加しても、実質的な水準は徐々に低下していき、年金財政は安定化の方向に向かっていきます。その一方で、給付水準が下がりすぎれば、公的年金の役割を果たせなくなります。そこで、受給開始時のモデル年金の所得代替率50%という下限も同時に設けられています。少なくとも5年ごとに、政府が長期にわたる年金財政の収支見通しを作成し、その健全性を検証し、給付水準がこの下限を下回ることが見込まれる場合は、もう一度給付と負担のあり方を見直すことになっています。

直近の2014年**財政検証**では、出生率、労働力率、賃金上昇率、運用利回りなど将来の年金財政に影響を与える数値が良好であれば、固定された保険料率によって所得代替率50%以上の給付水準が確保できるという推計結果が示されています。2004年改正によって財政問題に対する年金制度内での解決策が取られましたが、それが有効に機能するか否かは、今後の出生状況や経済状況にも左右されます。少子化対策や雇用政策など年金制度外での取り組みが必要不可欠となっています。

11－4　医療保険

11－4－1　医療保険の概要

社会保障のなかでも公的年金と同じように大きな規模の制度が医療保険です。医療保険は、保険料を主な財源として、加入者やその家族が病気や怪我をしたときに、現金給付や医療サービスを提供する仕組みです。民間の保険会社等が販売する民間医療保険も存在しますが、社会保障として実施される公的医療保険の主な制度は、**健康保険**と**国民健康保険**の2つです。

民間企業に雇用されて働く者とその被扶養家族は原則として健康保険に加入しています。一方、健康保険やその他の公的医療保険（公務員とその家族が加入する共済組合、75歳以上が加入する**後期高齢者医療制度**など）でカバーされていない自営業者、非正規労働者、無職者などは、国民健康保険に加入することになっています。公的医療保険への加入は強制であり、日本では、すべての国民が何らかの公的医療保険に加入するという国民皆保険となっています。

加入者は、病気や怪我の際に、病院や診療所で、かかった費用の原則3割だけ負担すれば、医師が必要と判断した治療を受けることができます。さらに、健康保険に加入する労働者は、病気や怪我で仕事に4日以上行けず、給料をもらえなかった場合に、休業前賃金の3分に2に相当する現金給付（**傷病手**

当金）を受け取ることができます。

11−4−2　公的医療保険の特徴

　保険の仕組みでは、リスクの発生確率の高い人ほど保険給付を受け取る可能性が高くなります。そのため、一般に、民間保険では、経営上のことを考えれば、そうした人には高い保険料を事前に負担してもらうか、保険給付の内容を制限するか、加入自体を諦めてもらう必要が生じます。また、保障される内容が同じであれば、保険料は加入者の所得の高低とは無関係に一律に設定されます。

　それゆえ、もし医療保険が民間保険だけしか存在しない場合、高齢者、障害者、持病のある人、低所得者などが保険に加入できない、あるいは十分な保障を受けられないことになります。結果として、病気や怪我から復帰することが難しくなり、そのために貧困状態に陥ったりする人が多く生まれます。

　社会保障としての公的医療保険は、こうした事態を防ぐために、リスクの高低（加入者の健康状態など）とは無関係に、所得に応じて保険料の額が定められています。また、どんなに病気がちであっても、公的医療保険では加入が強制され、加入を断られることはありません。さらに、公的医療保険は保険料を主な財源としていますが、財政の安定を確保したり、保険料の水準を抑えたりするために、多額の公費も投入されています。一方で、医療サービスに係る保険給付は、納付した保険料額とは無関係に必要に応じて行われます。

　公的医療保険では、これらの特徴を通じて、所得の高い人や健康な人たちから、そうではない人たちに所得再分配を行い、その結果として、所得水準や健康状態が異なる社会の構成員が出来る限り平等に医療が受けられるようにしています。

11−4−3　健康保険と国民健康保険

　民間企業の労働者が被保険者となる健康保険は、さらに組合管掌健康保険と全国健康保険協会管掌健康保険の二つに大別されます。前者は、企業ごとあるいは業種ごとに作られた公法人である健康保険組合を保険者とする健康保険です。健康保険組合が用意されている企業で働く人は、こちらに加入します。保険料率は一定の範囲内（給与の3〜12%）で組合ごとに決められています。健康保険組合のない企業で働く人は、公法人である全国健康保険協会が保険者となる後者に加入します。保険料率は、都道府県ごとに異なりますが、給与の10%程度です。また、健康保険には、企業で働く人本人だけでなく、その人によって生計を維持されている被扶養家族も加入します。家族については、追加的な保険料負担なしで保険給付を受けることができます。

　国民健康保険は、市町村が保険者となり、自営業者など他の医療保険でカバーされていない人たちを被保険者とする制度です。保険料の決め方は市町村ごとに様々で、所得に応じた負担額や世帯人数に応じた負担額などを組み合わせて決められています。保険料は世帯主がまとめて納付します。保険の給付内容は原則として健康保険と同じですが、傷病手当金など一部の給付が行われません。

　かつては、自営業者とその家族が国民健康保険の被保険者の多くを占めていました。しかし、現在では、健康保険に加入していない非正規労働者や零細企業労働者、定年退職者などの割合が高くなっています。そのため、健康保険に比べて、被保険者の所得水準が低く、また、1人あたりの医療費も高くな

108 現代日本経済演習

る傾向があります。こうしたことから、国民健康保険は、構造的に財政運営が難しく、保険料財源の不足は公費の重点的な投入によって埋め合わせられています。

健康保険や国民健康保険の加入者は、75歳以降は、それまで加入していた制度を離れ、後期高齢者医療制度に加入します。しかし、高齢者は、保険料負担能力が低く、医療費も多くかかります。そのため、この制度を運営するための財源のうち高齢者の保険料拠出によって賄われるのは約1割で、残りの約5割が公費によって、約4割は健康保険や国民健康保険からの財政的な支援によって賄われています。

11−4−4　保険給付

公的医療保険が行う保険給付で基本となるのは、**療養の給付**です。被保険者は病気や怪我をしたときに、医療機関において必要な医療が受けられます。ただし、あらゆる医療に保険が使える訳ではなく、美容整形や研究段階の先端医療など保険が使えない医療もあります。また、保険が使える場合も、かかった医療費の一部は医療機関の窓口で支払います。もし、完全に無料で医療が受けられる場合、コスト意識が働かなくなり、不必要な医療を増加させてしまうかもしれません。窓口での**一部負担金**は、不適切な受診を抑制するとともに、保険料や公費以外の財源確保の手段として設けられています。負担金の割合は、児童や高齢者については軽減もありますが、原則として3割です。そして、かかった医療費から患者の一部負担金を差し引いた額が、医療保険の保険者から医療機関に支払われます。

重い病気で検査や手術が必要になった場合、医療費も高額化し、3割の一部負担でも相当の金額に達してしまうこともあります。このような場合に家計の負担を軽減することを目的として、公的医療保険では、1ヶ月の一部負担金額に上限を設け、それを超えた場合に超えた分を支給するという保険給付もあります。これを**高額療養費**と言います。上限額は、年齢や所得などに応じて異なりますが、標準的なケースでは、8万円プラスアルファです。例えば、医療保険を利用して受けた手術などで1ヶ月の医療費が100万円かかったとしても、一部負担金は30万円ではなく、9万円弱に軽減され、残りは高額療養費で賄われます。

その他にも、病気で仕事を休んだ場合の現金給付である傷病手当金、出産にかかわる現金給付である出産育児一時金や出産手当金など様々な保険給付が行われています。医療保険は、これらの保険給付を通じて、病気や怪我のリスクに対応しています。

11−4−5　診療報酬

医療保険で診療が行われるときの医療費の価格は、医療機関が勝手に決めているのではありません。公的に決められています。政府は、約4,000種類の診療行為すべてに価格をつけています。また、ある病気について初めて医療機関に行ったときの初診料、再び訪れたときの再診料なども価格が公的に決められています。医療機関で診察を受ける場合、検査、処置、手術など様々な診療行為が行われますが、原則として、そこで行われた診療行為の価格をすべて合計した金額がかかった医療費になります。この医療費は、医療機関が提供した医療サービスに対する報酬になりますので、**診療報酬**とも言います。

診療報酬を上記のような方法で決めることを**出来高払い方式**と呼びます。この方式では、診療行為ごとに報酬が得られるので、医師は自分の必要と認める医療を積極的に行いやすいという大きな利点があ

ります。一方で、診療行為を行えば行うほど受け取る報酬が増えるので、過剰な検査や投薬、長期入院などを招き、医療費の膨張に繋がりやすいとも言えます。そのため、入院診療においては、病気ごとに１日いくらというように決まった金額を診療報酬とする包括払い方式も部分的に導入されています。

　個々の診療行為の価格は、２年ごとに改定されています。この価格をどうするかは、政府、保険料負担者、医療機関のすべてに大きな影響を与えます。国民全体の医療費は、高齢化や医療技術の発展によって自然に増加していきますが、診療報酬を下げれば、医療保険の保険給付の伸びを抑えることができます。その結果、雇用主も含めて保険料を負担している人の保険料負担の増加も抑えられます。また、医療保険には公費が投入されていますので、政府支出の増加を抑制することもできます。実際に、21世紀の最初の10年間では、主に財政上の理由から、診療行為の価格は全体としてマイナスの改定が続きました。

　一方で、診療報酬が下がれば、医療機関の収入が減るため、医療機関の経営は苦しくなります。そのことが医師不足や医療現場の環境悪化の要因になり得るため、診療報酬の引き下げによる医療費抑制策にも限界があります。今後も増大することが予想される国民全体の医療費を誰がどうやって負担していくのかが大きな課題になっています。

　本章では、公的年金と医療保険を中心に、社会保障の仕組みを説明してきました。現在、少子高齢化の進展、非正規雇用の拡大、家族のあり方の変化などを背景に、社会保障の各制度で見直しが求められています。制度の持続可能性を確保しながら、最低生活の保障と生活の安定という社会保障が果たすべき役割をどう維持していくべきなのか、私たち一人一人が考えていかなければなりません。現行制度の仕組みを知ることはその第一歩です。

参考文献案内

・椋野美智子・田中耕太郎（2017）『はじめての社会保障〔第14版〕』有斐閣

・土田武史編（2015）『社会保障論』成文堂

・権丈善一（2017）『ちょっと気になる社会保障 増補版』勁草書房

演習問題

・公的年金は本当に必要なのか、議論してみよう。

・公的医療保険の特徴とその保険給付の内容について、整理してみよう。

・最近の年金改革の動向について、調べてみよう。

第12章　日本と世界経済のつながり

12-1　グローバリゼーションの時代

12-1-1　国境を越える経済活動の増加

　21世紀に入って、世界経済はより一層の一体化が進んでいます。私たちは「**グローバリゼーションの時代**」を生きていると言えるでしょう。ですから、現在の日本経済について考える場合にも、国際的な経済関係（特にその相互依存関係）を無視しては議論することができなくなっています。

　一般にグローバリゼーションとは、ヒト、モノ、カネ、そして情報やサービスの国境を越えた移動が**地球規模で盛んになる現象**を指します。国境を越えるモノの取引（これを国際貿易といいます）は非常に活発に行われています。例えば、普段口にしている多くの食材は海外から輸入されていますし、石油や天然ガスなどエネルギー資源の多くは日本以外の外国から輸入されています。また衣服や電化製品の多くが「外国製」であること、日本の自動車が海外に輸出されていることなどをイメージすると分かりやすいと思います。

　このようなモノの国際貿易だけでなく、1980年代以降では企業の海外進出などに代表される国際投資（これを**海外直接投資**といいます）も拡大してきました。それに加えて、情報技術（IT）の発達によって、国境を越えた株式や債券などの国際投資（これを**証券投資**といいます）も増大し、いわゆる「金融のグローバリゼーション」も進んでいます。

　また、**人の移動**も活発になっています。航空機や船舶、高速鉄道など交通の発達によって、海外旅行は容易にできるようになりました。京都や東京の観光地にも多くの外国人旅行客が押し寄せています。それだけでなく、現在では日本人が海外の会社で働くことや外国人を日本の会社で雇うことも珍しくなくなりました。より高い賃金や役職を求めて、国境を越えて移動する移民も増えています。つまり「労働力」としての人の移動も多くなっているのです。

　このような実体経済の大きな変化の中で、日本国内で行われる財政政策や金融政策などのマクロ経済政策も、海外との関係を無視して運営することはできなくなっています。不況が起きた時の協調的な金融緩和政策などは、その典型例と言えるでしょう。

　以上のように、グローバリゼーションの時代においては、このような経済的次元を基礎として、政治次元、社会的次元、文化的次元など、様々な次元でグローバリゼーションが進んでいます。したがって、経済問題を考える場合には、国内経済とあわせて国際的な経済関係をきちんと見ていくことが必要なのです。

12-1-2　グローバリゼーションの要因と推進主体

　では、現代のグローバリゼーションが進んだ要因や条件はどのようなものが考えられるでしょうか。

第 12 章　日本と世界経済のつながり　111

　まず1つには、1980年代後半からの**社会主義体制の崩壊**が挙げられます。第2次世界大戦後、長らく続いた東西陣営の対立による「冷戦」構造がなくなり、これによって地球規模で市場経済化が浸透していく地理的空間が広がることになりました。

　そして2つ目に、1990年代から急速に進んだ**IT革命**の展開が挙げられます。ビジネスの現場だけでなく、一般家庭にまでパソコン（PC）が普及するようになり、それがインターネットを介して地球規模の一大情報通信網が形成されることになりました。これによって、大量の情報が地球規模で瞬時にかつ低コストで送受信できるようになったのです。その結果、財やサービス、情報のより一層の取引が世界大で拡大することになりました。

　これらの2つの条件が歴史的には1990年代に揃って現出することによって、グローバリゼーションが進む可能性が生まれました。しかし、実際にグローバリゼーションが急速に進んだのは、これら2つの条件をうまく利用して地球規模で利潤を獲得しようとする**多国籍企業**や**多国籍金融機関、機関投資家**などの「**グローバル資本**」という推進主体の存在がありました。国連貿易開発会議（UNCTAD）の資料によると、グローバル規模で活動する多国籍企業は、いまや国際貿易の3割を作り出しており、一国のGDPよりも大きな売上高を挙げている企業も少なくありません。また多国籍金融機関や機関投資家が関わっている外国為替市場の取引額は、国際決済銀行（BIS）の資料によれば、わずか1日で5兆ドル（2016年）を超える規模になっています。

　こうしたグローバリゼーションを推進する主体としてのグローバル資本は非常に大きな存在になっており、それだけにグローバル資本がもたらす影響力も非常に大きなものとなっています。特に製造業分野では、投資先や生産拠点が次々と生産コストの低い国へと変更されることもしばしばです。こうしたグローバル資本が持つ高い可動性によって、進出先の社会の安定や地域経済の発展などが顧慮されないまま、投資先が変わるために、**経済格差**の問題や**失業問題**もより深刻になっています。現在では、海外直接投資の相互浸透が進んでおり、グローバリゼーションのもたらす影響はより複雑化していると言えるでしょう。

　またグローバリゼーションによる世界経済の一体化は、別の問題ももたらしています。経済活動が一国内で完結することなく、国境を超えてグローバル規模で展開されることによって、国内で生じた問題も国境を越えてグローバルに伝播してしまう状況が増えているのです。例えば、2008年9月に米国で生じた金融危機が、いわゆる「サブプライム問題」を介して世界金融危機、果ては世界的な経済不況へとつながっていったことは、記憶に新しいと思います。当然、こうした問題に対する対応策も、一国だけでは意味がなく、グローバル規模で行われなければなりませんでした。

　このように、グローバリゼーションの時代には、様々な形で国境を越えた経済活動が拡大し、それによる影響も大きくなっているのです。

12－2　対外的な経済活動と国際収支統計

12－2－1　国際収支の仕組み

　グローバリゼーションが進むことによって、国境を超える経済活動が増えていく中で、このような経

112　現代日本経済演習

済現象をどのように量的に把握することができるのでしょうか。そのひとつの手段として、一国の国際収支統計を見る方法があります。**国際収支**とは、ある「**一定の期間における居住者と非居住者の間で行われたあらゆる対外経済取引（財貨、サービス、証券等の各種経済金融取引、それらに伴って生じる決済資金の流れ等）を体系的に記録した統計**」（日本の財務省の定義による）のことを言います。これを見ることによって、例えば日本がどの国からどのくらいのモノを輸出したり輸入したりしているのか、日本企業の海外投資はどのくらいの規模なのか、国境を超える金融取引はどのようになっているのか、といったことを金額ベースでとらえることができます。

　国際収支は**国際通貨基金（IMF）**が公表している国際収支マニュアルに基づいて作成されており、日本の国際収支に関する統計は財務省と日本銀行が共同で作成しています。現在はIMF国際収支マニュアル第6版（2008年公表）に準拠したかたちで統計が整備され、日本では2014年1月分から旧来とは異なった形で新しい統計が公表されました。いまではフロー統計にあわせて、業種別・地域別直接投資収益や本邦対外資産負債残高（ストック統計）、通貨別対外債権・債務残高（ストック統計）も公表されるようになっています。

　さて、IMF国際収支マニュアル第6版では、国際収支は以下のように表示されます。

経常収支＋資本移転等収支－金融収支＋誤差脱漏＝0

　つまり国際収支は、①「**経常収支**」、②「**資本移転等収支**」、③「**金融収支**」、④「**誤差脱漏**」で構成されるということです。

　細かく見ておくと、「**経常収支**」とは、①「**貿易・サービス収支**」（モノの輸出入の収支と、輸送、旅行、金融サービス、知的財産権等使用料などサービスの輸出入の収支）、②「**第一次所得収支**（利子や配当など対外資産からの投資収益など）」、③「**第二次所得収支**（国際機関への拠出、食料や医薬品などの無償援助、海外で働く人々の本国への送金など）」で構成されます。

　「**資本移転等収支**」は、政府が外国に行う道路や港などの資本形成の援助や債務免除などが含まれます。

　「**金融収支**」は、①「**直接投資**（海外に工場を建てるなど）」、②「**証券投資**（外国の株式や債券を購入するなど）」、③「**金融派生商品（デリヴァティブ）**」、④「**その他投資**」、および⑤「**外貨準備**」の資産マイナス負債（純資産）の増減で算出されます。

　国際収支の主項目は経常収支と金融収支ですので、これらを見ることによって、日本はどのような対外的な取引で海外からお金を受け取っているのか（経常収支）、またそうしたお金を活用してどのようなかたちで海外に投資しているのか（金融収支）、ということを全般的に把握することができるのです。

12-2-2　国際収支からみた日本の特徴

　では、実際に日本の国際収支はどのような状況になっているのでしょうか。表12-1は、IMF国際収支マニュアル第6版に準拠したかたちで作成された日本の国際収支表です。ここでは主要項目である経常収支と金融収支を中心に、日本の特徴を確認しておきましょう。

　まず経常収支ですが、2016年では、総額20兆6千億円の黒字となっています。この黒字は、4兆6

第 12 章　日本と世界経済のつながり　113

表12-1　日本の国際収支表（1996〜2016年）

（単位：億円）

			1996年	2001年	2006年	2011年	2016年
経常収支			74,943	104,524	203,307	104,013	206,496
	貿易・サービス収支		23,174	32,120	73,460	−31,101	46,045
		貿易収支	90,346	88,469	110,701	−3,302	55,793
		サービス収支	−67,172	−56,349	−37,241	−27,799	−9,748
	第1次所得収支		61,544	82,009	142,277	146,210	181,360
	第2次所得収支		−9,775	−9,604	−12,429	−11,096	−20,908
資本移転等収支			−3,537	−3,462	−5,533	282	−7,430
金融収支			72,723	105,629	160,494	126,294	288,991
	直接投資		28,648	37,001	70,191	93,101	145,548
	証券投資		37,082	56,291	−147,961	−135,245	305,037
	金融派生商品		8,011	−1,853	−2,835	−13,470	−16,725
	その他投資		−40,442	−35,175	203,903	44,010	−139,089
	外貨準備		39,424	49,364	37,196	137,897	−5,780
誤差脱漏			1,317	4,567	−37,280	21,998	89,925

出所：財務省「国際収支状況」より作成。

千億円の黒字である貿易・サービス収支と、18兆1千億円黒字の第1次所得収支が大きな部分を占めています。これが意味するところは、2016年に日本では、貿易・サービスにおいて輸入額よりも輸出額が多かったということと、日本の企業などが海外に持っている対外資産から利子や配当など多くの投資収益が入ってきたことを表しています。特に、第1次所得収支の黒字額が年々大きくなっていることが、現在の日本の特徴といえるでしょう。

　次に金融収支を見ると、2016年で、総計28兆9千億円の黒字（対外純資産の増加を示しています）であり、特に、直接投資と証券投資の黒字が多くなっているのが分かります。それぞれ14兆6千億円、30兆5千億円と大幅な黒字で、国際投資によって海外資産額が増えていることを示しています。

　このように、国際収支の主要項目である経常収支と金融収支の状況を見ることによって、2016年時点では、モノの輸出や対外資産からの投資収益によって積み増しした経常収支の黒字額を、海外の工場建設に当てたり、株式や債券など海外の金融資産を購入している現状を把握することができます。

12-3　外国為替と日本経済への影響

12-3-1　為替レートとは何か

　ここまでは国境を越える経済活動が世界大で拡大している現状を見てきましたが、ここでは外国為替と日本経済への影響についてみていきましょう。外国為替は日々刻々と変化しており、これがどのように変動するのかによって、国際貿易や国際投資、国際金融にも大きな影響を及ぼします。

　外国為替（取引）とは、国境を越えて異なる通貨を交換することを言います。1ドル＝100円のような異なるお金を交換する比率のことを「**為替レート（為替相場）**」と呼びます。通常、1ドル＝何円というように表現しますが、これはドルを基準に表す「**ドル建て**」表示の為替レートのことです。円を基準に表した1円＝何ドル、1円＝何ユーロという「**円建て**」表示の為替レートもありますが、通常は「ド

ル建て」表示の為替レートが使われています。

　それでは外国為替で使われる「円高」や「円安」とはどういうことを意味するのでしょうか。ここでは１ドル＝100円を基準に考えてみましょう。例えば、１年前に「１ドル＝100円」という為替レートであったとします。これは１ドル手に入れるのに100円を払えば交換できることを意味します。それが現在では「１ドル＝80円」になったとしましょう。この場合も１ドル手に入れるのに80円を払えば交換できることを意味しますので、１年間の変化を考えると、１年前よりも少ない円で１ドルと交換できるようになったことになります。「通貨の交換」比率に着目すると、**ドルに対して円の価値は上がった**ことになりますから、この場合「**円高**」になったと表現します。

　次に、これとは逆の場合を考えてみましょう。例えば、１年前に「１ドル＝100円」だった為替レートが、現在では「１ドル＝120円」の為替レートになった場合です。これが意味することは、１年前は１ドル手に入れるのに100円を支払えば交換できたのが、現在は１ドル手に入れるのに120円も払わなければ交換できないということですから、１ドル手に入れるのにより多くの円を支払わなければならないということになります。「通貨の交換」比率に着目すると、**ドルに対して円の価値が下がった**ことになりますので、「円が安くなった」、つまり「**円安**」となるわけです。

12－3－2　国際貿易への影響：円高の場合

　以上が円高、円安の説明ですが、こうした為替レートの変化がどのように国際貿易や国際投資に影響してくるのでしょうか。ここではモノの国際貿易を事例に、円高と円安に分けて、この影響を考えてみましょう。

　まず、円高の事例を考えて見ましょう。具体的にイメージしやすいように、日本の自動車会社が米国の消費者に対してクルマを輸出している場合、為替レートの変動によってどのように変わるのかを事例としてみます。

　図12－１は、１ドル＝100円の為替レートのときに、日本の自動車会社が米国にクルマを１台400万円で売っている場合の、米国の消費者が支払う代金を示しています。この場合、為替レートが１ドル＝100円ですから、米国の消費者が支払うクルマの代金は４万ドルということになります。

　ではこれを踏まえて、為替レートが１ドル＝80円になった場合、つまり「円高」になった場合、クルマの代金にどのような影響が出るのかを考えて見ましょう。図12－２は、図12－１と同じく日本の自動車会社が米国にクルマ１台400万円で売っている場合の、米国の消費者が支払う代金を示しています。ただし、１ドル＝80円のときの支払い代金です。この場合、米国の消費者はクルマ１台につき５万ドルを支払う必要があります。１ドル＝100円のときの支払

図12－１　日本の自動車会社が米国に輸出している場合のクルマの代金

（１ドル＝100円の場合）

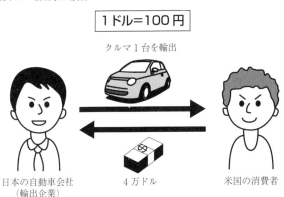

い代金と比べてみると、1ドル＝80円のときのほうが、クルマ1台購入するのに1万ドルも多く支払いをすることになるのです。そうなれば米国の消費者は、クルマ1台を買うたびに以前よりも1万ドル損をすることになる（＝日本のクルマが**割高**になる）ので、あまり日本のクルマを買わなくなることになります。

為替レートが1ドル＝100円から1ドル＝80円になった、つまり円高になると、日本から自動車のようなモノを輸出している企業は海外市場において非常に不利になるということなのです。

図12-2 日本の自動車会社が米国に輸出している場合のクルマの代金
（1ドル＝80円の場合）

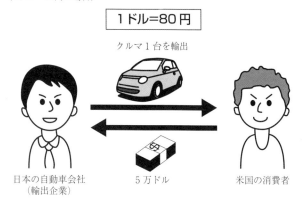

以上は、円高になった場合の輸出企業への影響の説明でしたが、輸入企業にはどのような影響が出るのでしょうか。実は先ほど見た輸出企業とはまったく逆の影響が現れてきます。円高とは、外国の通貨に比べて円の価値が上がることでした。つまりより少ない円で外国のモノを購入できる（輸入できる）ということを意味しますから、円高になれば今までよりも安く海外の商品を買うことができるようになるのです。身近な例で言えば、円高のときに輸入した牛肉を多く使用している牛丼チェーン店などが「円高還元セール」と称して値段を下げたりしているのは、この影響といえるでしょう。

12-3-3　国際貿易への影響：円安の場合

次に、円安の場合の国際貿易への影響を考えましょう。具体的にイメージしやすいように、円高のときと同じように、日本の自動車会社が米国の消費者に対してクルマ（1台400万円）を輸出している場合の影響で見ていきましょう。

図12-3の上側にあるように、1ドル＝100円のときには、日本の自動車会社がクルマ1台（400万円）を米国に輸出した場合、米国の消費者はクルマ1台に対して4万ドルを支払う計算になります。ところが、1ドル＝120円になった場合、つまり円安になった場合ではどうでしょうか（図12-3の下側）。これは以前に比べてドルの価値が上がった（＝円の価値が下がった）ことを意味しますから、米国の消費者がクルマ1

図12-3　円安になった場合の輸出企業への影響

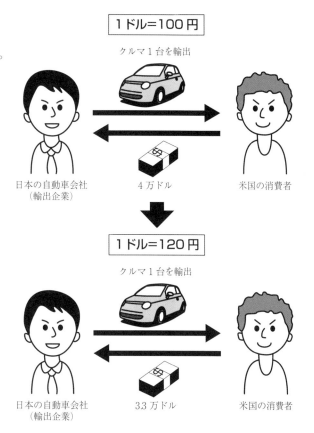

台に対して支払う金額は、以前の4万ドルよりも少ない3.3万ドルで済むことになります。当然米国の消費者からみれば、以前に比べて割安となるため、より多くの消費者がクルマを購入しようと思うようになります。つまり、円安になると、輸出の場合、海外市場において日本製品の価格が割安になるので、日本の輸出企業は輸出をしやすくなるのです。

最後に、円安の場合の輸入企業への影響を見ておきましょう。これも同じく上で見た輸出企業とはまったく逆の影響が現れてきます。円安とは、外国の通貨に比べて円の価値が下がることでした。つまりより多くの円で外国のモノを購入しなければならない（輸入しなければならない）ということを意味しますから、円安になると、今までよりも多くの円を支払って海外の商品を購入することになるのです。海外の商品が割高になると言い換えてもよいでしょう。

以上のように、為替レートの変化はモノの国際貿易に大きな影響を与えているのです。

12−3−4　日本の貿易構造と為替レート

では、現在の日本はどのような貿易構造の特徴を持っており、為替レートの変化の影響はどのような業種に現れるのでしょうか。

図12−4は、2016年時点の日本の商品分類別貿易額を示したものになります。これをみると、輸出額よりも輸入額の多い**貿易赤字**の商品は、魚介、肉、穀物など「食料品」、鉄鉱石、非鉄金属鉱など「原料品」、原油、液化天然ガスなど「鉱物性燃料」ということが分かります。それに対して、輸入額よりも輸出額の多い**貿易黒字**の商品は、鉄鋼、金属製品など「原料別製品」、「一般機械（原動機、工作機械など）」、「電気機器（半導体、電子部品など）」、「輸送用機器（自動車、同部品など）」といった製造業商品であることが分かります。

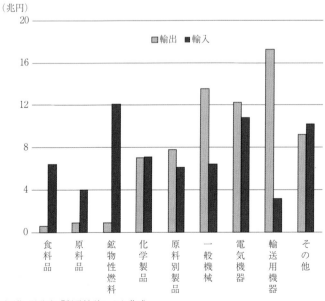

図12−4　日本の商品分類別貿易額（2016年）

出所）財務省『貿易統計』より作成。

つまり、日本の貿易構造はおおまかに把握すると、食料品、原料品、燃料エネルギーなどを海外から多く輸入し、機械や電気機器、自動車などの製造業製品を海外に多く輸出している貿易構造であるということです。現在の日本の貿易構造においては、為替レートが円高に振れるのか、それとも円安に振れるのか、ということによって、それぞれの業種や私たちの生活に大きな影響をもたらします。

例えば円高になることを考えると、輸出企業は海外市場において不利になり、輸入企業は得をすることになります。日本の場合、製造業製品の多くを輸出しているので、円高になればそれ

第 12 章　日本と世界経済のつながり　117

図12− 5　ドル円外国為替市場の推移（2005年 1 月〜2017年 5 月）

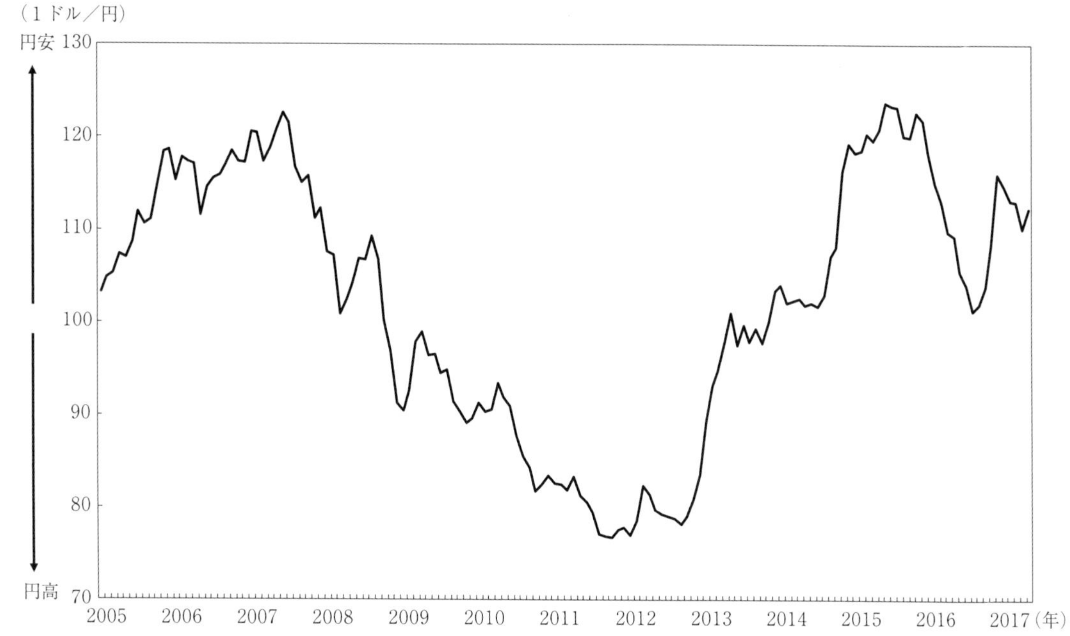

（1 ドル／円）

注：東京市場（インターバンク）、17時時点、月中平均値。
出所：日本銀行時系列統計データより作成。

らを海外に輸出している企業は不利になるということです。ただ、日本は食料や原材料、燃料エネル
ギーの多くを輸入していますので、円高の場合は、輸入食料品が安くなったり、ガソリンの市場価格が
低くなったりして、日本の消費者にとっては「お得になる」ということです。

　逆に円安ではどうかというと、輸出企業は海外市場で価格面で有利となり、輸入企業や消費者は割高
となります。製造業製品の多くを輸出している日本企業からしてみると、円安は収益にプラス要因とな
ります。他方、食料、原材料、燃料エネルギーの多くを輸入している日本は、それらのモノを手に入れ
るのにより多くの円を支払わなければいけないことから、以前よりも「損をする」ということになりま
す。

　最後に、図12− 5 で**外国為替市場**の長期的な動向を見ておきましょう。この図は2005年 1 月から2017
年 5 月までの東京市場における円ドル外国為替相場の推移を見たものです。この図を見ると、2005年 1
月時点で 1 ドル＝103円だった相場は2007年半ばにかけて120円を超えるぐらいまでになり、円安傾向
であったことが分かります。その後、外国為替相場は小刻みに変動しながらも、2012年の初めにかけ
て 1 ドル＝80円を切り、76円ぐらいまで円高が進んでいます。そして2013年からは逆に円安傾向に振れ、
2015年の終わりにかけて再び 1 ドル＝120円を超えるぐらいまでに進みました。その後やや円高傾向に
振れましたが、2017年 5 月現在では、長期的に見ると円安傾向にあると言えるでしょう。円安傾向とい
うことは、輸出産業にとっては有利な環境が整っており、他方輸入企業や日本の消費者にとってみると
海外製品の価格が割高になっているということです。

　以上、ここでは外国為替と日本経済への影響を見てきました。ここで重要なことは、一概に円高が良
いとか、円安が良いとか、言えないということです。外国為替相場は日々刻々と変化していますが、ど

の立場からどういった視点でみるのかによって、日本経済への影響は違ってくるのです。グローバル化がますます進む現在において、経済の正確な知識を持つこともより一層求められているといえるでしょう。

参考文献案内

・伊豫谷登士翁（2002）『グローバリゼーションとは何か：液状化する世界を読み解く』平凡社新書
・マンフレッド・B・スティーガー著、櫻井公人・櫻井純理・高嶋正晴訳（2010）『新版 グローバリゼーション』
　岩波書店

演習問題

・グローバリゼーションの持つポジティブな側面とネガティブな側面とは何だろうか。
　みんなで議論してみよう。
・国際収支からみた日本経済の特徴を説明してみよう。
・円高ないしは円安の貿易への影響を説明してみよう。

あとがき

　本書は、流通経済大学経済学部経済学科の1年生の入門科目であった「現代経済入門」を担当する教員が中心となって、企画が進められました。その後、同学科の1年生が所属する「1年ゼミ（演習）」で本書を使用する目的に変更されたことから、なるべく平易な言葉遣いで叙述し、図表など現実の経済をイメージできる材料を豊富に用いた内容になっています。各章の最後には、簡単な演習問題や参考文献の案内も付け加えられており、アクティブ・ラーニングの教材としても提供できるよう配慮しています。

　このような本書の使用目的に沿うかたちで編集されているため、日本経済を対象としてじっくりと経済学の基礎を学んでいこうとしたときに、内容として説明が不十分なところや理論上厳密に論じられていないところもあるかと思います。しかし、本書を通じて、まずは日本経済の大まかな仕組みと経済学の基礎知識を1年次に習得してもらいたいと考え、このような内容で編集しています。そして本書が、2年次以降に学ぶ専門科目との「橋渡し」役になれればと願っています。不十分な点や理論的に詳しく説明されていない点に関しては、経済学のそれぞれの専門分野で勉強を深めてもらえればと思います。もちろん、上記の意図が成功しているかどうかは、最終的には読者のみなさんに委ねなければなりません。どうか忌憚のないご意見をいただければ幸いに存じます。

　最後になりましたが、本書は流通経済大学からの出版助成を得て出版されています。経済学部経済学科の先生方をはじめ、多くの方々のご助力を得て本書が作成されました。本書が流通経済大学での教育の一助となれば、著者としてこれ以上の喜びはありません。流通経済大学出版会の齊藤哲三郎氏、長友真美氏には、出版に関して多大なご協力をいただきました。記して感謝したいと思います。

2017年6月

著者一同しるす

【著者紹介】

飯野　敏夫 （いいの・としお）

筑波大学大学院社会科学研究科博士課程単位取得退学。冨士短期大学（現東京富士大学）教授などを経て、現職。専門は、日本経済論。主な著書に『21世紀 社会主義化の時代』（共著、社会評論社、2006年）、『日本経済の現状 各年版』（共著、学文社）など。

現在、流通経済大学経済学部教授。
第1章、第2章を担当。

秋保　親成 （あきほ・ちかなり）

中央大学大学院経済学研究科博士後期課程修了。中央大学経済学部任期制助教、流通経済大学経済学部専任講師を経て、現職。専門は、経済理論、日本経済論。
主な著書・論文に『グローバル資本主義の構造分析』（共著、中央大学出版部、2010年）、『グローバリゼーションと日本資本主義』（共著、中央大学出版部、2012年）、「収益性の構造変化に関する実証分析：高度成長期以降の日本経済における利潤率の計測を基にして」（『経済学論纂（中央大学）』第53巻第3・4号、所収、2013年）など。

現在、流通経済大学経済学部准教授、博士（経済学）。
第3章、第4章、第5章、第6章を担当。

百瀬　　優 （ももせ・ゆう）

早稲田大学大学院商学研究科博士後期課程単位取得退学。早稲田大学商学部助手、高千穂大学人間科学部助教、流通経済大学経済学部専任講師を経て、現職。専門は、社会保障論。
主な著書に、『障害年金の制度設計』（単著、光生館、2010年）、『最低所得保障』（共著、岩波書店、2010年）、『自立と福祉　制度・臨床への学際的アプローチ』（共著、現代書館、2013年）、『社会保障論』（共著、成文堂、2015年）など。

現在、流通経済大学経済学部准教授、博士（商学）。
第8章、第10章、第11章を担当。

田村　太一 （たむら・たいち）

大阪市立大学大学院経済学研究科後期博士課程修了。国際日本文化研究センター機関研究員、流通経済大学経済学部専任講師を経て、現職。専門は、現代アメリカ経済研究、国際経済論。
主な著書に、『アメリカン・グローバリズム』（共著、日本経済評論社、2007年）、『世界経済とグローバル化』（共編著、学文社、2013年）、「東アジアの国際分業構造と中国の付加価値貿易」（『流通経済大学創立五十周年記念論文集』所収、2016年）など。

現在、流通経済大学経済学部准教授、博士（経済学）。
序章、第7章、第9章、第12章を担当。

現代日本経済演習

発行日	2017年9月19日　初版発行
著　者	飯　野　敏　夫
	秋　保　親　成
	百　瀬　　　優
	田　村　太　一
発行者	野　尻　俊　明
発行所	流通経済大学出版会
	〒301-8555　茨城県龍ヶ崎市120
	電話　0297-60-1167　FAX　0297-60-1165

ⒸToshio Iino, Chikanari Akiho, Yu Momose, Taichi Tamura, 2017

Printed in Japan／アベル社

ISBN 978-4-947553-75-1 C3033 ¥1200E